辭章風格教學新論

【以中學詩歌教材為研究對象】

蒲基維◎著

陳　序

　　人類的一切知行活動都離不開「思維」，而「思維」又始終以「意象」爲內容。它初由「觀察」與「記憶」的兩大支柱豐富「意象」，再由「聯想」與「想像」的兩大翅膀拓展「意象」（多），接著由「形象」與「邏輯」的兩大思維（二）運作「意象」，然後由「綜合思維」統合「意象」（一（０）），以發揮最大的「創造力」。如此週而復始，便形成「多」、「二」、「一（０）」的螺旋結構，以反映「意象系統」。而這種結構或系統，如果對應到「創造」主體的「才」、「學」、「識」三者而言，則顯然其中的「才」與「學」是對應於「觀察」與「記憶」來說的，屬於知識層，爲「思維」之基礎；而「識」則屬於智慧層，藉以提昇「意象」，乃對應於一切「思維」（含聯想與想像）之開展而言的。這些不但可在哲學層面尋得它的依據、文學層面考察它的表現，也相應地可在美學層面找到它的歸宿。

　　這所謂的「思維」、「觀察」、「記憶」、「聯想」、「想像」與「創造」，如果扣到人類的「能力」來看，則隸屬於「一般能力」的層面，通貫於各類學科，是形成下一層面「特殊能力」之基礎。而「特殊能力」，則專用於某類學科。就以

「辭章」而言，是結合「形象思維」、「邏輯思維」與「綜合思維」而形成的。這三種思維，各有所主。如果是將一篇辭章所要表達之「意」，訴諸各種偏於主觀之聯想、想像，和所選取之「象」連結在一起，或者是專就個別之「意」、「象」等本身設計其表現技巧的，皆屬「形象思維」；這涉及了、「取材」與「措詞」等問題，而主要以此為研究對象的，就是意象學、詞匯學與修辭學等。如果是專就各種「象」，對應於自然規律，結合「意」，訴諸偏於客觀之聯想、想像，按秩序、變化、聯貫與統一之原則，前後加以安排、佈置，以成條理的，皆屬「邏輯思維」；這涉及了「運材」、「佈局」與「構詞」等問題，而主要以此為研究對象的，就語句言，即文（語）法學；就篇章言，就是章法學。至於合「形象思維」與「邏輯思維」而為一，探討其整個體性的，則為「綜合思維」，這涉及了「立意」、「確立體性」等問題，而主要以此為研究對象的，為主題學、文體學、風格學等。而以此整體或個別為對象加以研究的，則統稱為辭章學或文章學。

這些內涵如對應於「多」、「二」、「（０）一」的螺旋結構，則其中「意象」（個別）、「詞匯」、「修辭」、「文（語）法」、「章法」是「多」，「形象思維」與「邏輯思維」為「二」，「主題」、「文體」、「風格」為「一（０）」。如此，由「（０）一」而「二」而「多」，凸顯的是創作（寫）的順向過程；而由「多」而「二」而「（０）一」，凸顯的則是鑑賞（讀）的逆向過程。

　　就在這種過程裡，「風格」無疑地居於關鍵性之地位。
而這所謂的「風格」，是指「作風、風貌、格調，是各種特
點的綜合表現」，而這種表現是多方面的，有建築風格，雕
塑風格、音樂風格、服裝設計風格、藝術風格，文學風格等。
即以其中的文學風格而言，又有文體、作家、流派、時代、
地域、民族和作品等風格之異。如再就其中之一篇作品來
說，則又有內容與形式（藝術）風格的不同，而形式（藝術），
更有文法、修辭和章法等風格之別。單從文學風格來看，在
我國，自曹丕〈典論論文〉與劉勰《文心雕龍》開始，對風
格概念，就加以探討，這可由傳統有關的許多論著中得知，
而所探討的，大體而言，不外是作家風格、作品風格或文章
風格。而對其中之作品風格，大都僅就整體來作綜合探討，
卻較少分為內容與形式加以析論，也十分自然地，從「詞
匯」、「文（語）法」、「修辭」、「章法」或「主題」等角度來
推求其風格的，便更少見，甚至完全看不到。這是由於一直
未注意到它們是一律建立在「陰陽二元對待」之基礎上的緣
故。

　　如此直接由「陰陽二元對待」所形成之母性風格，是「剛」
與「柔」。而我國涉及此「剛」與「柔」的特性來談風格的，
雖然很早，如南朝梁鍾嶸的《詩品》、唐司空圖的《二十四
詩品》、宋嚴羽的《滄浪詩話》等，它們所談的風格，就有
與「剛」、「柔」相接近或類似的，卻還沒直接提到「剛」與
「柔」；就是明末清初的黃宗羲在〈縮齋文集序〉裡，固然

以陰陽之氣論文，與「剛柔」有關，也一樣未直接提到「剛柔」。真正說來，明明白白地提到「剛」與「柔」，而又強調用它們來概括各種風格的，首推清姚鼐的〈復魯絜非書〉。周振甫以爲姚鼐在此「把各種不同風格的稱謂，作了高度的概括，概括爲陽剛、陰柔兩大類。像雄渾、勁健、豪放、壯麗等都歸入陽剛類，含蓄、委曲、淡雅、高遠、飄逸等都可歸入陰柔類。就這兩類看，認爲『爲文者之性情形狀舉以殊焉』，性情指作者之性格，跟陽剛、陰柔有關；形狀指作品的文辭，跟陽剛、陰柔有關。又指出這兩者『糅而氣有多寡進絀』，即陽剛陰柔可以混雜，在混雜中，陰陽之氣可以有的多有的少，有的消有的長，這就造成風格的各種變化。他雖然把風格概括爲兩大類，但又指出陰陽之交錯所造成的各種不同風格是變化無窮的，這又承認風格的多樣化。」這樣對後世辭章「風格」之研究，如曾國藩「四象說」與其他諸家說法，影響是極大的。

蒲君基維讀博士班時即有志於此，於是在指導下，以姚鼐與曾國藩等前賢時哲之說法與當前章法學之研究成果爲基礎，於去年六月以〈章法風格析論〉一文獲得博士學位。而現在又嘗試作進一步之努力，由章法擴大到整個辭章，並將理論運用於語文教學之上，撰成《辭章風格教學新論——以中學詩歌教材爲研究對象》一書，相信對辭章「風格教學」之這一新園地，繼顏瑞芳教授與溫光華助理教授之大作《風格縱橫談》之後，能加強其影響力，以提昇教學品質。

　　忝爲其碩博士論文指導教師，值此出版前夕，特地略述
辭章風格之來龍去脈，與作者在這一方面所作之努力，聊以
表示肯定與慶賀的意思。

　　　　　　陳滿銘 序於臺灣師大國文系 **835** 研究室

　　　　　　　　　　　　　　　　2005 年 **11** 月 **10** 日

目　次

第三章　　辭章風格與作家風格／83

第四章　　辭章風格的實際教學／121

第一章
緒論

　　本章論述研究動機及研究方法，並確定論文研究的範圍如下。

第一節　研究動機

　　「風格」是一整體審美風貌的展現，就辭章學的範疇來說，辭章風格代表著辭章本身的整體美感，所以探討辭章風格是瞭解辭章整體藝術特色的憑藉，也是追溯辭章創作源頭的手段。這是辭章風格教學值得研究的原因之一。

　　儘管如此，傳統辭章風格的分析仍偏重於直覺式、印象式的述評，這種述評方式透過辭章鑑賞家豐富的學養與敏銳的直覺，確實累積了豐碩的成果。然而初步接觸辭章風格的莘莘學子，面對這些風格鑑賞的文獻，猶如霧裡看花，終隔一層。因此，亟需梳理辭章風格鑑賞的步驟，是辭章風格教學值得研究的原因之二。

　　教學是學術研究的驗證程序，透過教學的實施，可以印

證研究成果的價值，或作為理論修正之參考。以辭章風格研究而言，建構辭章風格教學的理論是風格學研究的延伸，我們把風格鑑賞的原則落實到辭章教學之上，可以解決學子探究風格時所產生的疑惑與困境，同時又可提升其閱讀和鑑賞的能力，並印證風格鑑賞理論的價值。這是辭章風格教學值得研究的原因之三。

根據「民國九十二年國民中小學九年一貫課程綱要」，對於本國語文的「閱讀能力」，曾經明列「能欣賞作品的寫作風格、特色及修辭技巧」一項，其「寫作能力」也明列「發揮思考及創造的能力，使作品具有獨特的風格」一項。而「高級中學國文課程標準」中，在實施方法部分也提到課文讀講時必須注意「文學作品之流派、風格及其價值」。由此可知，風格教學是完整國文教學中不可或缺的一環。近年教材版本的開放，各版編寫國文教材在課文、註釋之外，多有增列「賞析」一欄，期能提供深刻而完整地辭章鑑賞，其中對於風格特色的論述著墨尤多，可見風格鑑賞頗受重視。然而教師面對這些賞析文字或一語帶過，或人云亦云，仍無法為學子提供辭章風格鑑賞的途徑。因此，建構辭章風格的鑑賞原則，引導學子體會風格之美，是辭章風格教學值得研究的原因之四。

目前海峽兩岸研究風格的論著頗多，但針對辭章風格而論的研究則少見，鎖定風格教學而論的研究更是少之又少。在大陸方面，黎運漢的《漢語風格探索》、《漢語風格學》是

目前兩岸風格論著中較為完整的研究論文，可做為我們探索辭章風格的基礎；至於臺灣方面，有顏瑞芳、溫光華合著的《風格縱橫談》，首見以國文教學的角度來論述風格的概念、歷代文學風貌及高中國文的風格教學，是我們研究辭章風格、作家風格與風格教學的重要參考。這些著作是風格學研究的重要文獻，在此基礎之上，期望深入探索辭章風格的內在規律，以建立其分析鑑賞的原則，這是辭章風格教學值得研究的原因之五。

基於這些理由，忝以不佞之才，欲深入探究辭章風格的形成規律，期望建構辭章風格教學的理論，為教師提供具體可行的教學方法，並訓練而提升學子鑑賞辭章的能力。

第二節　研究方法與研究範圍

為提升本論文的學術品質，並方便建立辭章風格教學研究的指導原則，茲提出重要的研究方法如下。

一、追本溯源，貫串脈絡

文學理論的建構，必須構築在哲學與美學的基礎之上，以其能符合宇宙自然的規律，推溯其美學、哲學的淵源，進而建構完整的體系，使理論立於不朽、不敗的地位。就辭章風格的教學來說，它涉及了風格學及教學心理學等兩大學術

範疇，我們必須探索「風格」述評的源流及演變，並追溯「風格」的哲學淵源，進而建立辭章風格的鑑賞原則。另一方面，必須從「創作」與「鑑賞」兩個角度，來探索辭章風格教學的心理基礎。所以本論文特設第二章「辭章風格教學的理論基礎」，期望能追溯本原，貫串文學、哲學、美學與心理學的脈絡，做爲我們實際分析及教學的依據。

二、體用兼備，確立系統

任何理論的建構，仍須藉由實際應用的過程，以驗證其完整性與正確性。我們在建構辭章風格教學的理論之後，可以進一步應用於辭章的分析與教學。所以在第四章「辭章風格的實際教學」中，我們根據理論基礎的建構來確立檢視風格的原則，並進行中學詩歌教材的分析與鑑賞，最後確定風格教學的步驟，使理論與應用緊密扣合，確立一個「體用兼備」的完整系統。

三、詳考眾說，條分類析

我們在建構理論、分析辭章之時，並非墨守成規，閉門造車，而是參酌古今中外重要的文學理論、哲學概念、美學與心理學的學說，才能確立辭章風格教學理論的周延性。此外，進行作家風格的述評與辭章風格的鑑賞，也參考海峽兩

岸對於作家及辭章的重要評價，使我們的研究成果有跡可尋。另一方面，分析歷代作家風格乃依時代排序，可以見出各家風格的繼承與新變；而鑑賞辭章風格則條分為「剛中寓柔」、「柔中寓剛」、「剛柔相濟」等三種風格類型，使紛繁的詩歌作品得以分門別類，見出其風格趨向之梗概。

四、建立原則，落實教學

理論的建構是抽象的，原則的建立才是具體的。尤其在教學理論上更須注重具體明確的原則，一方面提供教師具體的引導模式，另一方面也給予學生明確的方向。所以本論文在建構辭章風格教學理論，進行辭章實例分析，進而提出具體可行的風格教學步驟。這些教學步驟仍須透過適當的教學活動設計，才能真正落實。所以，本論文第五章「辭章風格的教學活動設計」分別從鑑賞教學、寫作教學及教學評量三方面來設計活動，期望提供具體可行的教案，落實辭章風格的教學。

基於上述研究方法，我們可以確定研究範圍，並具體說明論文之綱目如下：

第一章為「緒論」。說明研究動機、研究方法與範圍。

第二章為「辭章風格教學的理論基礎」。從論述風格的源流與轉變，進而追溯風格的哲學根源，最後建構辭章風格

教學的理論。

　　第三章爲「辭章風格與作家風格」。探討作家風格形成的內外因素，進而釐清辭章風格與作家風格的關係，使兩者在教學時能緊密結合，完整呈現辭章的藝術特色。

　　第四章爲「辭章風格的實際教學」。根據其理論基礎建立辭章風格的檢視原則，並以中學詩歌教材爲例進行風格賞析，最後完成風格教學的具體步驟，做爲教師實際教學的重要參考。

　　第五章爲「辭章風格的教學活動設計」。根據風格教學的具體步驟，進一步設計教學活動，針對「鑑賞」、「寫作」及「評量」等三大範疇設計實施方案，以印證理論之完整。

　　第六章爲「結論」。總成研究成果的論述。

　　本論文以中學詩歌教材爲研究對象，共收錄國民中學及高級中學一綱多本教材所錄之詩歌，含古典的詩、詞、曲及現代詩共二十九首，高級中學詩歌教材以出現在兩種版本以上爲選錄標準，國民中學所選錄的詩歌則不在此限。茲表列其篇目、版本及冊次如下：

一、國中課文

（一）古典詩（含樂府、古詩、近體詩）

篇　　　　目	作者	版　本　暨　冊　次
迢迢牽牛星	佚　名	南一 3、翰林 3
歸園田居	陶淵明	翰林 3
木蘭詩	佚　名	南一 4、康軒 4、翰林 4
登鸛雀樓	王之渙	南一 1、翰林 1
黃鶴樓送孟浩然之廣陵	李　白	南一 1、翰林 1
過故人莊	孟浩然	南一 2、翰林 2
聞官軍收河南河北	杜　甫	康軒 2、翰林 2

（二）詞曲

篇　　　　目	作　者	版　本　暨　冊　次
西江月	辛棄疾	南一 5
天淨沙秋思	馬致遠	南一 6、康軒 6、翰林 6

（三）現代詩

篇　　　　目	作　者	版　本　暨　冊　次
夏夜	楊　喚	南一 1、康軒 1、翰林 1

二、高中課文

（一）古典詩（含詩經、樂府、古詩、近體詩）

篇　　　　目	作　者	版　本　暨　冊　次
蒹葭	佚　名	南一 5、翰林 5、龍騰 5
蓼莪	佚　名	東大 5、康熙 6
飲馬長城窟行	佚　名	康熙 2、翰林 2、龍騰 2
陌上桑	佚　名	東大 2、南一 2
長干行	李　白	東大 1、南一 1、康熙 1、翰林 2
琵琶行	白居易	東大 3、南一 3、康熙 2、翰林 3、龍騰 2
飲酒詩之五	陶　潛	東大 1、南一 1、康熙 1、龍騰 1
石壕吏	杜　甫	東大 2、翰林 3
正氣歌	文天祥	東大 4、南一 4、翰林 4
黃鶴樓	崔　顥	南一 3、康熙 3、翰林 3
寄黃幾復	黃庭堅	東大 4、康熙 4、龍騰 3
觀書有感	朱　熹	南一 4、康熙 4、翰林 4
書憤	陸　游	東大 4、南一 4、翰林 4

（二）詞曲

篇　　　　　目	作　者	版　本　暨　冊　次
浪淘沙	李　煜	翰林 5、東大 5
念奴嬌赤壁懷古	蘇　軾	翰林 5、龍騰 5、南一 5
大德歌—秋	關漢卿	翰林 6、龍騰 6、東大 6、南一 6
沈醉東風漁父詞	白　樸	翰林 6、龍騰 6、東大 6、南一 6、康熙 6

（三）現代詩

篇　　　　　目	作　者	版　本　暨　冊　次
再別康橋	徐志摩	翰林 1、龍騰 1
錯誤	鄭愁予	翰林 2、龍騰 1、東大 5、南一 3
負荷	吳　晟	康軒 2

第二章

辭章風格教學的理論基礎

本章首先說明歷代對於風格論述的源流與轉變，其次探討風格的哲學基礎，最後建構風格教學的理論。

第一節　風格論述的源流與轉變

歷代對於「風格」一詞的定義眾說紛紜，有關風格品類的論述亦龐雜繁多，本節將針對風格定義的界說及風格品類的論述，探討其源流與轉變，以釐清風格的基本概念，作為建構風格教學理論的基礎。

一、關於風格定義的界說

研究中國傳統文論的學者，對於「風格」的詮釋，多認為風格的起源與品鑒人物有關。如：

> 風格，……最初指人的風度和品格，用來論文時就

指文章的風範和格局。[1]

魏晉之人物品鑑，以超實用之藝術心靈，觀照出人
體形相之美，久之，乃擴及於文學，故是時對文學
作品之品評，輒喜以人體為喻。[2]

風格一詞，本來是指人的風采格調。……後來即把
詩、文等文學作品，能充分表現作者的才性，也稱為
風格。[3]

可見風格的義涵，本來具有「人的風度和品格」、「人體形相
之美」、「人品的格調」等義意，故欲推究中國藝術風格的本
源，必須從人物品鑑談起。

古代品鑑人物的盛行，乃源於漢代以來「察舉」與「徵
辟」制度的需求。所謂「察舉」，是由地方郡守按每二十萬
人選舉孝廉一人，並保舉若干人才供朝廷選用；而「徵辟」
則是規定三公等官府可特聘人才作為本府屬官。[4] 這兩種制
度依據「鄉閭清議」以拔擢人才，於是人才的鑑識與人物的
批評成為漢代的重要活動。公卿、郡守與諸侯為了準確推舉

---

[1] 見詹鍈《文心雕龍的風格學》（臺北：正中書局，1994 年 4 月臺初版），頁 4。
[2] 見黃美鈴《唐代詩評中風格論之研究》（臺北：文史哲，1982 年 2月初版），頁 3。
[3] 見朱榮智《文氣論研究》（臺北：學生書局，1986 年 3 月初版），頁280。
[4] 參見蔡崇明校注《新編人物志‧導論》（臺北：台灣古籍出版社，2000年 11 月初版），頁 6。

賢良，逐漸發展出一套銓品人物的方法，班固的〈古今人表〉即反映了此一時代品鑒人物的重要標準。他以「德行」爲標準，概論上古三代至秦末近兩千人的賢愚，並一一安排定位在九個等級當中。其中一等爲聖人，二等爲仁人，三等爲智人，九等爲愚人，四、五、六、七、八等無名目。在此標準之下，三皇、五帝、堯、舜、禹、湯、文、武、周公、孔子皆列爲一等，而先秦諸子中老子、墨子列爲四等，莊子、惠施、公孫龍列爲六等。班固以一己的判準，爲古今人物確定等第，雖然在方法及品第上頗有爭議，亦引起後世學者的諸多批判，但是他已經具體呈現了漢人崇尙德行的人品觀。

及至三國，魏文帝頒佈了「九品官人法」之後，使漢代的「察舉」與「徵辟」走向制度化。其作法乃以州、郡、縣當地之名望人士擔任「中正官」，品評本州郡縣士人的等第，依士人的品行、狀貌與家世等三方面加以公論，分爲上上、上中、上下、中上、中中、中下、下上、下中、下下等九個品第，核實以呈報中央選用。這種制度的推行，更激起品鑒人物的熱潮，也確實拔擢了很多人才，但由於「中正官」多掌握在權貴世族之手，再以品評人物難有客觀標準，遂產生了「上品無寒門，下品無世族」的怪象。至此，拔擢人才的美意被扭曲，貴族也壟斷了仕宦之途。有識之士洞悉這些弊端，既無力扭轉這股政治潮流，只能針對選拔人才的問題進行研究，劉卲的《人物志》就是此一政治背景下的產物。相較於班固的〈古今人表〉，《人物志》展現了更客觀的品鑒方

法，也確立了更完整的鑑識系統。其自序云：

> 聖賢之所美，莫美乎聰明；聰明之所貴，莫貴乎知人。
> 知人誠智，則眾材得其序，而庶幾之業興矣。[5]

此說明論人性的目的在於能夠客觀地知人，俾能任使眾材，以成庶績。可見「如何知人」乃《人物志》一書的要旨，而劉劭爲使「知人」能裨益眾材的選拔，遂以「才性」作爲論人的重要課題。他以「情性」爲本，開展出論人的形上架構。〈九徵〉篇所載：

> 蓋人物之本，出乎情性，情性之理，甚微而玄；非聖人之察其孰能究之哉？凡有血氣者，莫不含元一以爲質，稟陰陽以立性，體五行而著形。苟有形質，猶可即而求之。

所謂「含元一以爲質，稟陰陽以立性」即說明人以元一之氣作爲基本質素，而氣有陰陽，人物受陰陽二氣而形成不同的氣性。劉昺注云：「性資於陰陽，故剛柔之意別矣」，強調「元一」雖爲普遍的質素，落於人之質性本無不同，但由於「陰陽」賦受的多寡薄厚，遂產生各自殊異的氣質，落到「五行」的各種組合結聚，便可以形著爲世間形形色色、多采多姿的人物性格。劉劭以「陰陽」賦受的多寡薄厚來解釋人物情性

---

[5] 見劉劭《人物志》（劉昺注，四部叢刊本），卷一。

的殊異，在漢儒「陰陽五行」及「氣化宇宙論」的基礎上，開創了人物品鑒的新路，也大大影響了中國文學鑑賞的方向。

與《人物志》同時期的《典論・論文》曾經提到：「文以氣為主，氣之清濁有體，不可力強而致」，其所謂「清濁」的觀念與《人物志》的「稟陰陽以立性」可以相互闡發，而曹丕顯然已經把人物氣性的清濁用來詮釋辭章風格的差異。

至兩晉南北朝，中國文學理論漸趨成熟，文論家以人物才性談論辭章創作的風氣更為盛行。劉勰的《文心雕龍》即是著例。其〈體性〉篇所言：

> 情動而言形，理發而文見，蓋沿隱以至顯，因內而符外者也。

此即說明文學創作源於內在隱約情理的抒發，也強調人的「才性」是文學創作的重要因素。其言：

> 才有庸雋，氣有剛柔，學有淺深，習有雅鄭，並情性所鑠，陶染所凝，是以筆區雲譎，文苑波詭者矣。

劉勰不僅繼承了《人物志》所謂「稟陰陽以立性」的才性觀，更以曹丕「氣之清濁有體，不可力強而致」為基礎進一步發展，以為作家才性是由先天的「才、氣」與後天的「學、習」雜糅而成，其中「庸」、「雋」、「剛」、「柔」、「淺」、「深」、「雅」、「鄭」等質素雖有先天、後天之分，卻可互相交錯涵融，體

現各種不同作家的才性,而由不同作家所創作的作品,自然形成了「筆區雲譎,文苑波詭」的多樣風貌。從「才性論」到「創作論」,劉勰做了最佳的融會與轉化,不僅貫通了人物風格與藝術風格的本質,也提出了文學風格以「陽剛」、「陰柔」為原性的芻議。

西方對於「風格」的解釋,最早出現於希臘文,後來又進入拉丁文。希臘文的 stylos 和拉丁文的 stylus,原義是「一把用以刻字或作圖的刀子」,後來的字義漸漸發展為「寫字的方法」,而希臘的哲學家又轉為修辭學、文學及其他藝術上的一個術語,引伸其義為「以辭達義的方法」、「寫作的風度」、「作品的特殊格調」、「藝術作品的氣勢」,進而成為一個國際科學的術語,英語稱為「style」,德語稱為「stiel」,法語稱為「style」,皆表示藝術作品所展現的特殊格調。[6]

中國藝術風格的理論始於魏晉的人物品鑒是可以被確定的。所以,用來品評人物的「才氣」、「體貌」、「格調」、「品第」、「神韻」等術語也普遍出現在中國的藝術風格論中,成為我們論述風格義涵時不可忽略的要素。[7] 而西方對於「風格」的詮釋偏重於修辭藝術所展現的特殊格調,也是我們定

---

[6] 參見黎運漢《漢語風格學》(廣州:廣東教育出版社,2000 年 2 月第 1 版),頁 1。

[7] 鄭頤壽教授論述「格素」時提到,「內蘊情志格素」是文學風格的決定性要素,其中「主觀格素」就明顯提到作家個性對於作品風格的影響。參見《辭章學新論》(臺北:萬卷樓,2004 年 5 月初版),頁 338。

義「風格」所必須考慮的因素。

因此，闡述風格的定義可以從創作和鑑賞兩個方面來說：以創作而言，風格應是作家藉由形式技巧表現其思想情感所呈現之契合自身才情的風姿；以鑑賞而言，則是欣賞者主觀體悟到的作品之整體風貌與格調。

二、關於風格品類的論述

所謂「風格品類」，是指辭章之抽象力量的各種形態。從上述《人物志》「稟陰陽以立性」的情性觀，到後來曹丕所提「氣之清濁有體」的文氣觀，以及劉勰「風趣剛柔」的風格論，可以看出中國文學風格理論對於各種風格形態的分類研究，是以「陽剛」、「陰柔」為基礎而發展起來的，此與中國「陰陽二元對待」的哲學有密切關連。

在中國歷代風格理論中，對於風格品類的論述相當繁多，檢視歷代文論與詩話，風格品類的發展歷經了一個漫長的分化與合流，而近世與西方理論結合，又呈現某些程度的轉變。依其發展，可大略分為四個時期：

（一）草創時期的定品

風格品類的界說，最早出現在曹丕《典論・論文》中，其對辭章「四科八體」的具體要求提到：

奏議宜雅，書論宜理，銘誄尚實，詩賦欲麗。

曹丕的文體分類是在「清」、「濁」之文氣論的基礎上論述的，其所謂「典雅」、「明理」、「樸實」、「華麗」者，就是各種文體所應展現的風格標準，實已具有風格分類的雛形。其後劉勰的《文心雕龍》更明白提出辭章的八種旨趣，其言：

> 若總歸其塗，則數窮八體：一曰典雅，二曰遠奧，三曰精約，四曰顯附，五曰繁縟，六曰壯麗，七曰新奇，八曰輕靡。[8]

劉勰不僅確立了八種辭章之風格類型，更進一步指出「雅與奇反，奧與顯殊，繁與約舛，壯與輕乖」的對應關係，形成了八體四類的完整體系。這是他在「風趣剛柔」的基礎觀念中所確立的風格論。

此外，鍾嶸的《詩品》以「國風」、「小雅」、「楚辭」為五言詩的三大源頭，根據淮南王劉安所言：

> 國風好色而不淫，小雅怨誹而不亂，若離騷者，可謂兼之。[9]

可知〈國風〉、〈小雅〉、〈楚辭〉各有其特色。大體而言，

---

[8] 見《文心雕龍・體性》篇。
[9] 見劉安〈離騷傳〉，收錄於班固《漢書》，亦見劉勰《文心雕龍・辨騷》篇。

〈國風〉為十五國之民間歌謠，內容多為情詩，具有樂府詩「貴遒勁」的基調，也具備了民歌質樸、通俗的風格；〈小雅〉多為文人創作，內容以譏刺為多，且詩人個性溫婉，故詩風易趨於含蓄典雅；〈離騷〉為抒發個人情志之作，既為貴族文學，又鎔鑄楚地文化，故風格幽渺而浪漫，有直抒胸臆的樸素美，也有文人特有的溫雅特色。鍾嶸歷述漢魏至齊梁一百二十三位詩人，並歸源於〈國風〉、〈小雅〉、〈楚辭〉，實已歸納出「遒勁」、「溫婉」兩種詩風。

綜觀曹丕、劉勰及鍾嶸的論述，三者在其風格論中雖已具體呈現分體、分品的現象，但仍是在「陰陽二元對待」的基礎上表述各種風格的形態。

（二）發展時期的分化

自劉勰提出風格「八體」的理論之後，學者論述風格品類即愈分愈繁，陳思在〈中國古典風格理論的演進〉一文中認為，風格品類的演進愈衍愈繁，代表著「文學實踐豐富後文學風格的多樣化，也標誌著對風格的認識越來越具體。」[10]。唐代繼承了魏晉南北朝文學創作與文學理論的基礎，在中國古典詩歌發展上創立了另一高峰，在豐碩

---

[10] 見陳思〈中國古典風格理論的演進〉，《求索》1993 年第 3 期，頁91。

的文學成果中，不少文人試圖從繁多的作家、作品，尋找唐詩的風格與境界，造就了唐代詩學的鼎盛，卻也脫離了以「陽剛、陰柔」為基礎的風格系統，使文壇關於風格品類的論述呈現紛繁的現象。茲揀擇唐代數家論述風格品類的文獻如下：

1.初唐、崔融《唐朝新定詩格》有詩格十體[11]

崔融與李嶠、蘇味道、杜審言俱為初唐文章四友，其《唐朝新定詩格》所說的「十體」，大部分與詩體的風格相關，而其中也涉及修辭手法。其言：

> 形似體者，謂貌其形而得似，可以妙求，難以粗測者。詩曰：「風花無定影，露竹有餘清」。又云：「映浦樹擬浮，入雲風似滅。」如此即形似之體也。
>
> 飛動體者，謂詞若飛騰而動是。詩曰：「流波將月去，潮水帶星來」。又云：「月光隨浪動，山影逐波流。」此即飛動之體。
>
> 直置體者，謂直書其事置之於句者是。詩云：「馬銜苜蓿葉，劍瑩鸊鵜膏。」又云：「隱隱山分地，滄

---

[11] 崔融《唐朝新定詩格》之十體乃《文鏡秘府論》所引，亦見於《中國修辭學通史·隋唐五代宋金元卷》（長春：吉林教育出版社，2001年2月第1版二刷），頁153~159。

滄海接天」。此即是直置之體。

雕藻體者，謂以凡事理而雕藻之，成於妍麗，如絲彩之錯綜，金鐵之砥煉是。詩曰：「岸綠開河柳，池紅照海榴」。又云：「華志怯馳年，韶顏慘驚節。」此即是雕藻之體。

質氣體者，謂有質骨而作志氣者是。詩曰：「霧峰暗無色，霜旗凍不翻。雪覆白登道，冰塞黃河源」。

情理體者，謂抒情以入理者是。詩云：「遊禽知暮返，行人獨未歸」。又云：「四陵不相識，自然成掩扉。」

清切體者，謂詞清而切者是。詩曰：「空葭凝露色，落葉動秋聲」又曰：「猿聲出峽斷，月彩落江寒」。

映帶體者，謂以事意相愜，復而用之者是，詩曰：「露花凝濯錦，泉月似沈珠。」又曰：「侵雲躡征騎，帶月倚雕弓。」又曰：「舒桃臨遠騎，垂柳映連營。」

菁華體者，得其精而忘其粗者是。詩曰：「青田未矯翰，丹穴欲乘風。」鶴生青田，風出丹穴；今只言青田，即可知鶴，指言丹穴，即可知風，此即文典之菁華。又曰：「曲沼疏秋蓋，長林卷夏帷。」又曰：「積翠徹深潭，舒丹明淺瀨。」

宛轉體者，謂屈曲其詞，宛轉成句是。詩曰：「歌前日照梁，舞處塵生襪。」又曰：「泛色松煙舉，凝花菊露滋。」

所謂「形似」，就是要求描寫事物，形象逼真。《文心雕龍·物色》篇所言「巧言切狀，如印之印泥，不加雕削，而曲寫毫芥，故能瞻言而見貌，即字而知時」，就是在強調描繪客觀景物的逼真所呈現的靜態美。至於「飛動」，則偏重於描繪客觀景物的動態之美，故在詞語中特別要求動詞的靈活運用，故上述詩例中所用的「流」、「將」、「去」、「帶」、「來」、「隨」、「動」、「逐」等動詞，用來描寫「波」、「潮水」、「山影」、「月光」的流動之態，確實呈現了動態的美感。這兩種體式，基本上是根據「意象」所營造出來的風格類型。

所謂「直置」，就是運用樸實無華的語言，不假雕琢，直接描述事物的一種體式。這種體式容易營造「通透自然、質樸無華」的美感。相對於「雕藻」，則較注重辭章的雕琢，其運用華麗的辭藻來描寫客觀事物，以形成一種具備「妍麗」之美的體式。「直置」與「雕藻」是魏晉南北朝以來論述風格的兩個對等之重要概念，從風格的形成來看，材料所形成的意象及修辭的表現，都是影響辭章偏於「直置」、或偏於「雕藻」的重要因素。

至於「質氣」是在強調辭章必須有質骨以表現志氣。「骨健氣實」一向是魏晉南北朝的文論家所推崇的風格，如劉勰《文心雕龍·風骨》篇所言「辭之待骨，如體之樹骸」、「練於骨者，析辭必精」，即在要求辭章必須語言精鍊、剛健有力；而沈約的《宋書·謝靈運傳》亦云「子建、仲宣，以氣質為體」，以及鍾嶸評曹子建詩為「骨氣奇高，辭采華茂」，

都是在強調建安風骨所呈現的「質樸剛勁」的風格。可見「質氣」體所強調的是一種偏於質樸、勁健、有力的語言風格。此外,「情理」體在強調詩歌必須注重情與理的結合,這是一種剛柔並濟的風格要求;而「清切」體則要求詩歌的詞語必須清秀穩切、聲調必須清澈瀏亮,乃就語言的用字及聲律方面來論述風格。

上述七體確實扣緊風格而論,而崔融所提的「映帶」、「菁華」、「婉轉」三體,無涉辭章風格,卻與修辭手法相關。以現代修辭學的理論觀之,「映帶」體強調事與意相合,採映襯之法,使兩兩相襯,相得益彰,此應為雙關修辭;「菁華」體著重辭章表現其精華而棄其粗莠者,應為借代、借喻修辭;而「婉轉」體說明「屈曲其詞,婉轉成句」,是只有意顛倒詞語在語法上的組合順序,實為倒裝修辭。

崔融繼承前人而發展其詩體風格的理論,其分類較細,反映了詩體風格的發展,然而論述過於簡略,分類亦無系統,且雜糅了部分的修辭概念,降低其論述體系的完整性。但是他所提出的「直置」、「雕藻」、「質氣」、「情理」、「清切」等風格品類,仍有重要的參考價值。

2.盛唐、王昌齡《詩格》提出「五趣向」[12]

王昌齡的《詩格》是中國古代修辭學理論的重要著作,

---

[12] 王昌齡《詩格》乃根據《文鏡秘府論》所引,亦收錄於《詩學指南》（謝无量主編,臺北:中華書局,1958 年臺一版）,頁 80。

也是盛唐詩歌從「創作」走向「理論」的具體成果。其內容包括修辭、文法、章法的理論，也涵蓋了詩體風格的論述。文中所謂「五趣向」，就相當於詩的五種風格：

> 一曰高格，曹子建詩「從軍過函谷，驅馬過西京」。
>
> 二曰古雅，應休璉詩「遠行蒙霜雪，毛羽自摧頹」。
>
> 三曰閒逸，陶淵明詩「眾鳥欣有託，吾亦愛吾廬」。
>
> 四曰幽深，謝靈運詩「昏旦變氣候，山水含清輝」。
>
> 五曰神仙，郭景純詩「放情凌霄外，嚼蘂挹飛泉」。

這裡所提出的「高格」、「古雅」、「閒逸」、「幽深」、「神仙」等五種風格品類，雖有具體詩例，卻僅是唐代前期詩歌風格類型的歸納，並無具體的理論詮釋。而影響所及，如中唐皎然《詩式》提出「高」、「逸」、「閒」、「達」等十九字的說法，齊己《風騷旨格》所謂「高古」、「清奇」的體式，以及晚唐司空圖《詩品》關於「高古」、「沖淡」、「超詣」、「飄逸」、「清奇」等風格品類的論述，其研究更為深入具體，不能不說是受到王昌齡《詩格》「五趣向」的影響。

3.中唐、釋皎然《詩式》提出辨體十九字[13]

釋皎然是中唐著名的高僧，俗姓謝，乃謝靈運之十世

---

[13] 見釋皎然《詩式》卷一，收錄於《古漢語修辭學資料彙編》（臺北：明文書局，1984 年 9 月初版），頁 152-153。

孫，因其家學淵源，對於詩歌語言文字的運用藝術特別重視。《詩式》是他晚年詩歌研究的結晶，受到鍾嶸《詩品》及王昌齡《詩格》的影響，《詩式》展現了崇尚自然之美的觀點。關於詩體風格的探討，他提出了「辨體一十九字」，其云：

> 高，風韻切暢曰高。逸，體格閒放曰逸。貞，放詞正直曰貞。忠，臨危不變曰忠。節，持節不改曰節。志，立志不改曰志。氣，風情耿介曰氣。情，緣情不盡曰情。思，氣多含蓄曰思。德，詞溫而正曰德。誡，檢束防閑曰誡。閒，性情疏野曰閒。達，心跡曠誕曰達。悲，傷甚曰悲。怨，詞調悽切曰怨。意，立言盤泊曰意。力，體裁勁健曰力。靜，非如松風不動，林狄未鳴，乃謂意中之靜。遠，非謂森森望水，杳杳看山，乃謂意中之遠。

　　釋皎然《詩式》所談論的風格，實際上包括了辭章的形式與內容，即所謂外彰的「風律」與內蘊的「體德」。其「辨體一十九字」中側重於語言形式的論述，如「貞」的風格要求遣詞要雅正直切，「德」的風格要求詞氣須溫厚貞正，「怨」的風格要求語言形式須淒涼悲切，「意」的風格要求語言必須氣勢恢弘、旨意廣大，此皆與修辭表現相關；其餘「高」、「逸」、「忠」、「節」、「志」、「氣」、「情」、「思」、「誡」、「閒」、「達」、「悲」則偏重於內容的論述，主要呈現的是「意象風

格」；至於「力」、「靜」、「遠」三字的風格要求則兼具形式與內容，已提升至辭章整體「境界」的探討。

釋皎然《詩式》對於風格品類的論述有承有變，他雖以一字概括詩歌的主要風格，卻認爲一首詩所展現的並非一種單純的風格，而是幾種風格特點的融集。其文中仍強調：

> 篇目風貌，不妨一字之下，風律外彰，體德內蘊，如車之有轂，眾美歸焉。

他以車輪之「有轂」、「有輻」來比喻風格品類的錯雜與融集，其見解是相當正確的。

4.晚唐、齊己《風騷旨格》以詩有十體[14]

釋皎然以一代高僧跨足詩學領域的研究，影響所及，晚唐五代以至宋初的許多僧侶也投入了類於《詩格》的撰寫，其中以晚唐高僧齊己所寫的《風騷旨格》較爲重要。本書對於風格品類的論述，就是書中所提到的「詩有十體」：

> 一曰高古，詩曰「千般貴在無過達，一片心閒不奈何」。
> 二曰清奇，詩曰「未曾將一字，容易謁諸侯」。
> 三曰遠近，詩曰「已知前古事，更結後人看」。
> 四曰雙分，詩曰「船中江上景，晚泊早行時」。

---

[14] 見齊己《風騷旨格》，收錄於《古漢語修辭學資料彙編》，頁 147-148。

五曰背非，詩曰「山河終決勝，楚漢且橫行」。

六曰虛無，詩曰「山寺鐘樓月，江城鼓角風」。

七曰是非，詩曰「須知項籍劍，不及魯陽戈」。

八曰清潔，詩曰「大雪路亦宿，深山水也齋」。

九曰覆妝，詩曰「疊巘供秋望，無雲到夕陽」。

十曰闔門，詩曰「卷簾黃葉落，鎖印子規啼」。

　　從詩格名稱及其所舉的詩例來看，這十體所論述的非僅風格品類的範圍，其中可視為風格品類的僅有「高古」、「清奇」兩種，其餘如「遠近」、「是非」則似於體裁的分類，而「雙分」、「虛無」、「覆妝」、「闔門」主要是偏重於修辭手法所表現的風格類型，至於「背非」、「清潔」二體則與材料意象有關。可見《風騷旨格》所闡述的十體內容失於駁雜，並非全是風格品類的論述。

5.司空圖《二十四詩品》提出唐詩二十四種境界[15]

　　司空圖，字表聖。其《詩品》乃論詩風格之專著，他總結了二十四種詩歌的風格品類，其內容包括「雄渾」、「沖淡」、「纖穠」、「沈著」、「高古」、「典雅」、「洗煉」、「勁健」、「綺麗」、「自然」、「含蓄」、「豪放」、「精神」、「縝密」、「疏野」、「清奇」、「委曲」、「實境」、「悲慨」、「形容」、「超詣」、

---

[15] 見《古漢語修辭學資料彙編》，頁 142-146。

「飄逸」、「曠達」、「流動」等二十四品，可說是唐詩各種風格和流派的總整理，同時也反映了唐詩風格多采多姿、百花爭艷的繁榮景象。其分品較前人更為細緻，並大量運用了形象性的語言來描述詩歌意境的類型，更容易觸發讀者美感的聯想。賈沛若在〈摹神取象、無美不臻—談「二十四詩品」風格論的形象描述〉一文中提到：

> 形象是感性的、直觀的、具體的，它傳神地把風格描繪出來，讀者就憑著自己的審美經驗去感知、去領悟、去補充。借助想像和美感聯想，再創造出一種更具體的美的意境。所以形象描述的方法，不僅可以捕捉風格的神韻，而且也給讀者留下想像的廣闊空間，比之用一個明確的、範圍嚴格的界說的論述，其容量就大得多了。[16]

司空圖肯定唐代詩風的多樣性，其「諸體必備，不主一格」[17] 的客觀論述，相較於鍾嶸《詩品》的分品分等，更為通達；而他以具體的形象論述，來傳達抽象的風格意境，更優於唐代以來「詩格」論著的界說模式。其形象描述的文字，例如：

論「雄渾」，曰「具備萬物，橫絕太空。荒荒油雲，寥

---

[16] 見賈沛若〈摹神取象、無美不臻—談「二十四詩品」風格論的形象描述〉(《文史雜誌》1995.04)，頁 20-22。
[17] 此為《四庫全書總目提要》對司空圖《詩品》的評價。

寥長風。」蓋「雄渾」之風格，有如大自然遊雲之蒼茫廣闊，亦如長風奔騰於虛空之域，此皆為「具備萬物，橫絕太空」的具體情狀，而其最高境界就是能「超以象外，得其環中」，展現渾化自然、無窮無盡的氣勢。

論「沖淡」，曰「飲之太和，獨鶴與飛。猶之惠風，苒苒在衣。」蓋「沖淡」的風格，有如飲用「太和」元氣，與鶴齊飛，展現恬靜、澹逸的順境；亦如春日和暖之風侵入衣襟，給人清朗和暢之感。此境界是可遇而不可求，故曰「遇之匪深，即之愈希，脫有形似，握手已違」，道盡「沖淡」風格的妙處。

論「綺麗」，曰「神存富貴，始輕黃金」，說明詩人只要內蘊富貴之氣象，即可摒棄黃金之綺麗。故「綺麗」風格並非以濃豔為美，而是以清淡為佳，所以說「濃盡必枯，淺者屢深」，強調只有淡者才能深入。其餘用「明月華屋，畫橋碧陰」表現綺麗之景象；以「金鐏酒滿，伴客彈琴」表達綺麗之情境，皆是「綺麗」風格的具體形象。

論「含蓄」，曰「不著一字，盡得風流」，乃含蓄之最高境界。故讀者讀詩，詩中「語不涉難」而讀者「已不堪憂」。其用「如淥滿酒」描寫釀酒時酒汁滲漉而下、從容流注的含蓄之狀；用「花時返秋」描寫花開時節，遇到秋寒之氣而含苞未開的含蓄之態，可說是道盡「含蓄」風格的具體形象。

司空圖《詩品》以形象性的描述語言，具體呈現了各種風格的狀貌。以今日學術觀之，可說是融合「意象學」與「風

格學」的標準論述，也是研究「意象風格」的最佳範例。除此之外，部分風格品類亦涉及了語言表述方式影響風格的論述，如「洗鍊」品，其語言精約簡潔，是洗鍊風格的必要條件；「綺麗」品，強調遣辭必須華美，造句亦須鋪排，才足以達綺麗之要求；「含蓄」品，要求用語須含蓄不露，委婉深邃；「縝密」品，要求整體結構佈局必須綿密細緻，做有機融合而不露鑿痕；「實境」品，要求「取語甚直，計思匪深」；此皆強調語法、修辭及章法對風格形成的影響。

　　大體而言，《二十四詩品》可概分為兩大類：「雄渾」、「勁健」、「豪放」、「悲慨」、「流動」為壯美之風格；偏於華麗之「纖穠」、「綺麗」、「精神」、「縝密」、「委曲」、「形容」，以及偏於疏淡之「沖淡」、「沈著」、「高古」、「典雅」、「洗鍊」、「自然」、「含蓄」、「疏野」、「清奇」、「實境」、「超詣」、「飄逸」、「曠達」等，皆屬柔美之風格。可知《二十四詩品》雖然分品細密繁複，仍有其系統可循，相較於前期詩格之分類，司空圖不僅在品類上達到風格多樣性的極致，其分類方式也回歸於「陽剛」、「陰柔」的風格系統。除此之外，司空圖強調風格的多樣性，同時也強調各風格品類可以相互融通。明、費經虞評曰：

　　　　唐司空表聖以一家有一家風骨，乃立二十四品以總攝之。蓋正變俱采，大小兼收，可謂善矣。然有孤行者，有通用者，猶當議焉。其曰雄渾、沖淡、纖穠、高古、

典雅、綺麗、自然、豪放、疏野、飄逸，各立一門，
如洗鍊、含蓄、精神、實境、超詣、流動、形容、悲
慨之類，則未可專立也。雄渾有雄渾之洗鍊，沖淡有
沖淡之洗鍊；纖穠有纖穠之含蓄，高古有高古之含
蓄；典雅有典雅之精神，綺麗有綺麗之精神也。又勁
健、沈著不外雄渾，縝密不外典雅，委曲不外含蓄，
清奇、曠達不外豪放。……間嘗論之，譬之花然，紅
黃紫白，其色無所不有；疏密長短，其狀無所不備，
清穠遠淡，其香無所不佳；並寫春華，各成清妙。[18]

所謂「並寫春華，各成清妙」，不僅凸顯司空圖《詩品》的
兼容多樣，更強調各種風格品類可以孤行，亦可以通用的現
象。

　　司空圖《二十四詩品》可說是中國風格品類發展的顛
峰，後世文論關於風格品類的研究，承其說者仍多。如元‧
范梈《木天禁語‧家數》提出正偏之風格十八種[19]，舉自《詩

---

[18] 見費經虞《雅倫》（臺南：莊嚴文化事業公司影印四庫全書存目叢
　　書，1997 年 6 月初版），卷二十。

[19] 其言：「三百篇思無邪，學者不察，失於意見；離騷激烈憤怨，學
　　者不察，失於哀傷；選詩婉曲委順，學者不察，失於柔弱；太白雄
　　豪空曠，學者不察，失於狂誕；韓杜沈雄厚壯，學者不察，失於粗
　　硬；陶韋含蓄優游，學者不察，失於迂闊；孟郊奇險斬截，學者不
　　察，失於怪短；王維典麗靚深，學者不察，失於容冶；李商隱微密
　　閒艷，學者不察，失於細碎。」見《歷代詩話》（清‧何文煥主編，
　　北京：中華書局，1981 年 4 月第 1 版），頁 752。

三百》至晚唐詩人共九家之詩風，以明辨風格的偏正得失；
明·費經虞概括了古奧、典雅、雄渾、淡遠等十六種風格[20]，
並做了進一步論述，乃以《二十四詩品》爲其基礎；明·高
棅（《唐詩品匯·總敘》）以《詩品》爲基礎，評論初唐至晚
唐共三十二家詩的風格[21]，則爲《二十四詩品》的具體發揮。
他們皆根據司空圖的分類而多所增刪，此不再贅述。

（三）成熟時期的合流

　　唐代風格學的研究，使風格品類的發展達於極致，後世
學者乃另闢蹊徑，展開對風格類型統合的研究，如宋·嚴羽
在《滄浪詩話》中提出九種風格，並歸納爲兩大類，其言：

　　詩之品有九：曰高、曰古、曰深、曰遠、曰長、曰雄
　　渾、曰飄逸、曰悲壯、曰凄婉，……其大概有二：曰

---

[20] 見費經虞《雅倫》，卷二十。

[21] 高棅論風格乃合作家於時代之中，他指出：初唐有王、楊、盧、駱之
「美麗」，上官儀之「婉媚」；盛唐有李白之「飄逸」，杜甫之「沈
鬱」，孟浩然之「清雅」，王維之「精致」，儲光羲之「真率」，王昌
齡之「聲俊」，岑參之「悲壯」，李頎、常建之「超凡」；中唐有韋
應物之「雅澹」，劉長卿之「閒曠」，錢起、郎士元之「清澹」，皇
甫冉之「沖彥」，柳宗元之「超然復古」，韓愈之「博大其詞」，張
王樂府之「得其故實」，元白之「序事務在分明」；晚唐有李賀、盧
仝之「鬼怪」，孟郊、賈島之「飢寒」，杜牧之「豪縱」，溫庭筠之
「綺靡」，李商隱之「隱僻」，許渾之「偶對」。

優游不迫，曰沈著痛快。[22]

元‧楊載《詩家法數》亦云：

詩之體有六：曰雄渾，曰悲壯，曰平淡，曰蒼古，
曰沈著痛快，曰優遊不迫。[23]

兩者所謂「優游不迫」與「沈著痛快」，已點出風格品類的
兩大範疇，這與明‧屠隆把不同的風格概括成「寥廓清曠，
風日熙朗」的婉雅，及「播弄姿肆，鼓舞六合」的奇偉[24] 等
兩大類，皆可隱約看出「優美」與「壯美」的分類系統。直
至清代，關於這兩大風格範疇的研究，有了更明確的論述。

「優美」（Grace）與「壯美」（Sublime）本是美學上的
兩種形相。我們平時所說的美，一般指的是優美，它在形式
上所表現的特徵是柔媚、和諧、安靜與秀美；而壯美（又稱
崇高）則存在著一種壓倒一切、不可阻遏的強大力量，其在
形式上往往表現出粗獷、激蕩、剛健、雄偉的特徵。歐陽周、
顧建華、宋凡聖在其《美學新編》一書中，曾針對「優美」
與「崇高」（壯美）提出解釋，其言：

---

[22] 見《滄浪詩話‧詩辯》，卷一。收錄於《古漢語修辭學資料彙編》，
頁 280。
[23] 見《歷代詩話》（清‧何文煥主編，北京：中華書局，1981 年 4 月
第 1 版），頁 726。
[24] 見屠隆〈論詩文〉，收錄於《鴻苞集》（臺南：莊嚴文化事業公司影
印明萬曆三十八年毛元儀刻本，1995 年 9 月初版），卷十七。

優美，也稱秀美，包括典雅、綺麗、柔媚、精巧、清秀、飄逸、淡雅、幽靜……一類的美，是美的最一般的形態，最早被人們認識和把握。狹義的美，指的就是優美。這是一種優雅的美，柔性的美。崇高，也稱壯美，包括宏偉、雄渾、壯闊豪放、勁健、熱烈、濃郁、奇特……一類的美。這是一種雄壯的美，剛性的美。[25]

可見優美具「柔婉」的特徵，壯美則具備「剛健」的質性，實與風格之「陰柔」與「陽剛」的概念等同。這兩大風格範疇在清代尤其受到桐城派的重視。姚鼐把多種多樣的風格歸併成「陽剛」、「陰柔」兩體。其〈復魯絜非書〉中明白寫到：

鼐聞天地之道，陰陽剛柔而已。文者天地之精英，而陰陽剛柔之發也。惟聖人之言，統二氣之會而弗偏，然而《易》、《詩》、《書》、《論語》所載，亦間有可以剛柔分矣。值其時其人，告語之體各有宜也。自諸子而降，其為文無弗有偏者。其得於陽與剛之美者，則其文如霆、如電、如長風之出谷、如崇山峻崖、如決大川、如奔騏驥；其如光也，如杲日、如火、如金鏐鐵；其於人也，如憑高視遠、如君而朝萬眾、如鼓萬

勇士而戰之。其得於陰與柔之美者，則其文如升初
日、如清風、如雲、如霞、如煙、如幽林曲澗、如淪、
如漾、如珠玉之輝、如鴻鵠之鳴而入寥廓；其於人也，
漻乎其如嘆，邈乎其如有思，暖乎其如喜，愀乎其如
悲。觀其文，諷其音，則為文者之性情形狀，舉以殊
焉。[26]

所謂「如霆、如電、如長風之出谷、如崇山峻崖、如決大川、
如奔騏驥；其如光也，如杲日、如火、如金鏐鐵；其於人也，
如憑高視遠、如君而朝萬眾、如鼓萬勇士而戰之」，所展現
的是豪邁、奔放、雄渾的氣勢，屬陽剛風格；而「如升初日、
如清風、如雲、如霞、如煙、如幽林曲澗、如淪、如漾、如
珠玉之輝、如鴻鵠之鳴而入寥廓；其於人也，漻乎其如嘆，
邈乎其如有思，暖乎其如喜，愀乎其如悲」，則展現了飄逸、
含蓄、淡雅的情致，屬陰柔風格。姚鼐如此歸併風格的類型，
可說進一步闡發了宋、明詩話風格的理論。

　　時至近代，傳統風格品類的研究仍在持續，楊成鑒《中
國詩詞風格研究》論及風格品類的對應關係[27]，是最為明顯
的代表作品。

　　文學作品的藝術風格，有其形成的主客觀因素，而直接

---

[26] 見《惜抱軒文集》，卷六。收錄於《四部叢刊》影原刊本。
[27] 見楊成鑒《中國詩詞風格研究》（臺北：洪葉文化公司，1995 年 12
月初版），頁 234-235。

或間接作用於辭章的感情、氣勢、內容、色彩、聲律、語言態度、結構及表現手法，皆有可能影響辭章的總體表現。楊成鑒《中國詩詞風格研究》對於藝術風格品類的探討，強調不同因素的側重，會形成不同的風格品類。以「豪婉類」風格而言，乃側重於辭章氣勢的強弱，故分出「豪放」與「婉約」、「雄渾」與「沈著」、「勁健」與「委婉」等六品；「狀鬱類」風格，則側重於辭章的情感節奏，可分出「壯麗」與「沈鬱」、「悲壯」與「悲涼」、「憤慨」與「悽惋」等六品。從他對風格的分類中，仍可看出明顯的二元對應關係。至於其他如「奇雅類」風格側重於內容的承傳與創新、「細潔類」風格較側重於辭章的描寫提煉、「麗淡類」風格較側重於辭章的色彩修飾、「明隱類」風格側重於語言的表現手法、「諧刺類」風格側重於語言的態度、「疏密類」風格側重於辭章的線索結構等，皆可分出相對應的風格品類，其對應的關係表列如下：

一、豪類：　　　婉類：　　　　二、壯類：　　　鬱類：

　豪放品 —— 婉約品　　　　　壯麗品 —— 沈鬱品

　雄渾品 —— 沈著品　　　　　悲壯品 —— 悲涼品

　勁健品 —— 委婉品　　　　　憤慨品 —— 悽惋品

三、奇類：　　　雅類：　　　　四、細類：—— 潔類：

　新奇品 —— 典雅品　　　　　細膩品 —— 洗鍊品

五、麗類：　　　淡類：　　　　六、明類：　　　隱類：

　　絢麗品 —— 沖淡品　　　　　明秀品 —— 含蓄品

　　　　　　　　　　　　　　　自然品 —— 朦朧品

七、諧類：　　刺類：　　　八、疏類：　　密類：

　幽默品—— 辛辣品　　　　　疏放品 —— 縝密品

上表第三類側重於內容的承傳與創新，其分出的「新奇品」
與「典雅品」，只是風格的歷史定位；而第七類側重於作家
的寫作態度，其分出的「幽默品」與「辛辣品」，與辭章的
形式內容並不直接相關；在論述形象思維與邏輯思維對風格
的影響時，這兩類可以不列入討論。至於其他六類皆從辭章
的情感及表現手法入手，其所分出的風格品類，較爲符合現
代風格學所提出的「表現風格」的概念。值得注意的是，其
「疏密類」側重於辭章整體的線索結構，探索了辭章的內在
規律對於風格的影響，關注到邏輯思維的脈絡所形成的抽象
力量，實已接近「章法風格」的範疇。

　　從唐代風格品類的紛繁到清代、近代以「剛」、「柔」括
之的簡扼，說明了學者「對多樣風格的區分越來越深入，更
善於發現相近風格的共同性」[28]，而風格品類歷經了漫長的
分化與合流，更印證了「陽剛」、「陰柔」確實爲風格品類的
兩大根源。

---

[28] 見陳思〈中國古典風格理論的演進〉，《求索》1993 年第 3 期，頁
91。

（四）轉變時期的融通

近代中國文學理論受到西方思想的激盪，產生了空前的轉變。西方修辭學與風格學的傳入，使中國學者開始融合其修辭、文法及風格的概念，來研究傳統文論，並試圖建立一套屬於中國本土的辭章學。在辭章表現風格的分類研究上，也有許多融會中西、通貫古今的論述。茲簡述重要文論如下。

1.陳望道《修辭學發凡》分風格為八體

陳望道的《修辭學發凡》是我國「第一部有系統的兼顧古話文、今話文的修辭學書」[29]，他運用了西方語言學、邏輯學、哲學與美學等多門學科的觀點及方法，並結合中國古代文論，融古今中外的研究方法於一爐。其書中談到了風格之八體：

> 由內容和形式的比例，分為簡約和豐繁；
>
> 由氣象的剛強和柔和，分為剛健和柔婉；
>
> 由於話裏辭藻的多少，分為平淡和絢爛；
>
> 由於檢點工夫的多少，分為嚴謹和疏放。

這裡從辭章的內容與形式等方面來區分風格的品類，並分成

---

[29] 見《修辭學發凡》（臺北：文史哲，1989 年 1 月再版）劉大白序文。

四組八類文體，符合「二元對待」的基本原則，在分類上涉及了文體與辭體的問題，並未能真正釐清風格的品類，卻頗有參考之價值。

2.蔣伯潛《體裁與風格》的風格簡表[30]

本書乃藉由小說的形式及淺近的筆調，介紹中國文章體裁，並從「文辭」、「筆法」、「境界」、「章句」、「格律」、「色味」、「意境」、「態度」、「氣象」、「聲調」等方面，來辨析辭章的風格品類。茲摘錄其風格簡表如下：

---

[30] 見蔣伯潛《體裁與風格》（臺北：世界書局，1971 年 9 月三版），頁 200-203。

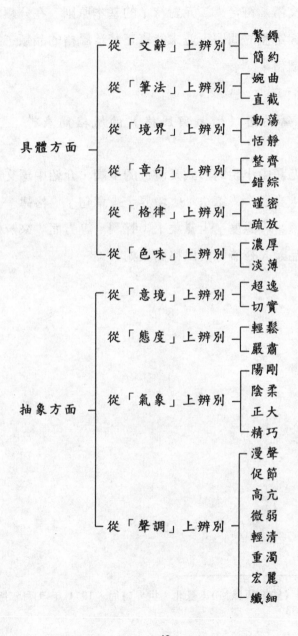

從「文辭」上辨別 ── 繁縟約簡

從「筆法」上辨別 ── 婉曲截直

從「境界」上辨別 ── 動蕩靜恬

具體方面 ── 從「章句」上辨別 ── 整齊綜錯

從「格律」上辨別 ── 謹密放疏

從「色味」上辨別 ── 濃厚薄淡

從「意境」上辨別 ── 超逸實切

從「態度」上辨別 ── 輕鬆肅嚴

抽象方面 ── 從「氣象」上辨別 ── 陽剛柔陰大正巧精

從「聲調」上辨別 ── 漫聲促亢弱高微清濁麗輕重細宏纖

　　蔣氏以具體的文辭、筆法、境界、章句、格律，及抽象的色味、意境、態度、氣象、聲調來辨析風格，實具備科學分類的精神。從上表可以看出，無論是文辭上的「繁縟」與「簡約」、筆法上的「婉曲」與「直截」、境界上的「動盪」與「恬靜」，乃至於氣象上的「陽剛」與「陰柔」、「正大」與「精巧」，聲調上的「漫聲」與「促節」、「高亢」與「微弱」、「輕清」與「重濁」、「宏麗」與「纖細」，皆可歸納出二元對待的關係，可見其分類仍是以風格之「陽剛」與「陰柔」的概念爲基礎而發展出來。

　　值得注意的是，其中文辭的「繁縟」與「簡約」、筆法的「婉曲」與「直截」、章句的「整齊」與「錯綜」、格律的「謹密」與「疏放」、聲調上的「漫聲」與「促節」、「高亢」與「微弱」、「輕清」與「重濁」、「宏麗」與「纖細」，皆與字句的法式相關，即藉由語勢及文法等方面來辨析風格，此應屬於「文法風格」的範疇。而文境的「動盪」與「恬靜」、色味的「濃厚」與「淡薄」，皆涉及辭章材料所呈現的意象，即藉由意象來辨析風格，此爲「意象風格」的範疇。至於態度的「輕鬆」與「嚴肅」，直與作家的才氣相關，可歸入「作家風格」的範疇。所以上表就辭章整體風格而論者，僅有意境的「超逸」與「現實」、氣象的「陽剛」與「陰柔」、「正大」與「精巧」。

3.黎運漢《漢語風格學》的表現風格類型

黎運漢的《漢語風格學》是在其《漢語風格探索》的基
礎上所建立的一套完整風格體系的專著。他特別針對漢語的
表現風格，探討其含義、類型與形成的規律。他說：

> 語言的表現風格有人稱為修辭風格，他是綜合運用各
> 種風格表達手段所產生的修辭效果方面來說的，是對
> 一切語言交際的產物——話語的氣氛和格調從多角度
> 多側面的抽象概括。例如，著眼於話語氣勢的剛柔的，
> 有豪放與柔婉；著眼於話語表達的內容所用的語言數
> 量多少的，有簡約與豐繁；著眼於話語傳遞信息所用
> 的語言曲直的，有醖藉與明快；著眼於話語辭采的濃
> 淡的，有藻麗與樸實；著眼於話語趣味的強弱的，有
> 幽默與莊重；著眼於話語語辭的雅俗的，有文雅和通
> 俗；著眼於話語結構的鬆緊的，有疏放與縝密。它們
> 既有區別，又有關係，各組之間是「相生」、「互補」
> 的關係，每組的兩種風格之間是「相克」、「對立」的
> 關係。[31]

既以表現風格為「話語的氣氛和格調從多角度多側面的抽象
概括」，可見它不僅包括修辭風格，實應涵蓋文法風格與章
法風格的範疇。從上述六組、十二種風格品類來看，其「相
生」、「互補」、「相克」、「對立」分類方式仍是在風格的「剛」、

---

[31] 見黎運漢《漢語風格學》，頁 211。

「柔」基礎上發展出來的。其中「豪放」與「柔婉」，不僅針對話語的氣勢而言，更可以擴充至篇章結構所蘊含的節奏之剛柔；而「疏放」與「縝密」也不僅限於語言結構的鬆緊，其篇章結構的鬆緊，對於辭章整體疏放或縝密的風格有更多的影響。

　　黎氏強調，「語言風格」是一切「文學風格」的基礎，故從語言的角度來分析風格的品類是可以理解的。然而，他並未瞭解語言的內在邏輯對於風格的影響，所以在分析各種表現風格的形成規律時，只能針對語言意象而論，此乃其不足之處。然而，他建立的一套完備的風格學體系，對於風格學的研究，仍是一大貢獻。

第二節　　風格形成的哲學思辨

　　古今風格品類理論的發展，經歷了由簡而繁、再由繁而簡的過程，我們見到繁雜多樣的風格品類必須仰仗「陽剛」、「陰柔」的統攝，才能展現其完整的結構體系，姚鼐對於這一體系的建立功不可沒。而他的理論並非憑空而致，其實在古典文論當中已見其端倪。如曹丕《典論・論文》所說「氣之清濁有體，不可力強而致」，劉勰《文心雕龍・體性》篇所言「氣有剛柔」、「風趣剛柔，寧或改其氣」，其中「清濁」、「剛柔」正是姚鼐風格理論的根源。及至晚近曾國藩針對姚鼐的剛柔說有所闡發，其言：

> 吾嘗取姚姬傳先生之說，文章之道分陽剛之美、陰柔
> 之美。大抵陽剛者，氣勢浩瀚；陰柔者，韻味深美。
> 浩瀚者，噴薄而出之；深美者，吞吐而出之。[32]

根據他所集錄的《古文四象》，把「陽剛」和「陰柔」二類
分做「太陽」、「太陰」、「少陽」、「少陰」四種。以「氣勢」
屬太陽，又分「噴薄之勢」、「跌蕩之勢」二類；以「識度」
屬太陰，又分「閎括之度」、「含蓄之度」二類；以「趣味」
屬少陽，又分「詼詭之趣」、「閒適之趣」二類；以「情韻」
屬少陰，又分「沈雄之韻」、「悽惻之韻」二類。[33] 古文家簡
直把文章「陽剛」之氣和「陰柔」之氣看成太極之兩儀，所
以由兩儀生四象，四象生八卦。根據這種說法，風格的八種
類型可如下圖所示：

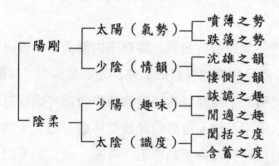

---

[32] 見《曾文正公日記‧庚申三月》，收錄於《曾文正公集》（世界書局
仿古文版）第七冊。

[33] 參見曾國藩《評注古文四象‧目次》（上海有正書局排印版，1917
年）。又摘錄於蔣伯潛《體裁與風格》下冊，頁 102。

這種分類方式雖然有許多商榷之處，卻指出風格的「陽剛」、「陰柔」與《周易》八卦的關聯。我們據此上溯至哲學層面，發現《周易》（含《易傳》）的「陰陽八卦」確實與風格的剛柔體系有密切的關係。《易‧說卦》云：

> 昔者聖人之作《易》也，將以順性命之理。是以立天之道曰陰與陽，立地之道曰剛與柔，立人之道曰仁與義。兼三才而兩之，故《易》六畫而成卦，分陰分陽，迭用柔剛，故《易》六位而成章。

聖人作《易》，乃依循萬物之質性與自然命運之變化，所以能參透天道之「陰陽」相通於地道之「剛柔」，下貫於人事則體現於「仁義」之德[34]。這說明了聖人作《易》，創卦立爻，是在體現陰陽變化的規律，並概括了「天地人」之道，而用陰陽兩義組成各種卦象。《周易》六十四卦的每一個卦體，均須具備六畫而成形，並以排列次序分陰陽，以所居之爻分剛柔，如此更迭交錯，以蔚然成章。故《周易》八卦既是剛柔對立，也是剛柔互濟。因此《易‧說卦傳》又云：

> 天地定位，山澤通氣，雷風相薄，水火不相射；八卦相錯。數往順者，知來逆者，是故《易》逆數也。

---

[34] 仁是「愛惠之仁」，即「慈厚泛愛」之德，主於柔；義是「斷割之義」，即「正大堅毅」之德，主於剛。見《周易正義》（十三經注疏本，臺北：藝文）。

乾為天，坤為地，「天地定位」是指天地設定了上下配合的
位置；艮為山，兌為澤，「山澤通氣」形成高低的交流溝通；
震為雷，巽為風，「雷風相薄」乃各自興動而交相應和；坎
為水，離為火，兩者性異而不相厭棄。八卦就是如此互相錯
雜，既是對立又形成統一，而參透這種對立統一的規律，就
能逆推來事。宋代學者根據《易·說卦傳》所闡述的規律畫
成「先天八卦圖」，即所謂「伏羲八卦圖」。宋儒邵雍明確地
說：

> 乾南坤北，離東坎西，震東北，巽西南，兌東南，艮
> 西北。自震至乾為順，自巽至坤為逆。[35]

由此可知，從一至四，反時針方向，順序為乾、兌、離、震
四卦，乾象徵天，在最上方，即南方；從五至八，順時針方
向，依序為巽、坎、艮、坤四卦，坤象徵地，在最下方，即
北方。而宇宙之演進乃周而復始，循環不已，是以八卦畫成
圓形，如下圖：

---

[35] 見邵雍《皇極經世書·觀物內篇》（臺北：廣文書局，1988 年 7 月
初版）。

據此「先天八卦圖」，再配合「無極而太極」[36] 與「易有太極，是生兩儀，兩儀生四象，四象生八卦」[37] 的說法，則可以架構八種卦象與陰陽、太極之關係，如下圖：

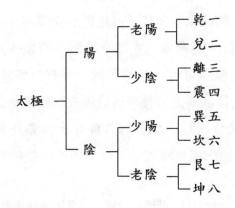

---

[36] 見周敦頤《太極圖說》，收錄於《周子全書》（臺北：武陵出版社，1990 年 2 月初版）。

[37] 見《周易·繫辭上》。

由結構圖得知，從「太極」推向「八卦」，與前述「（0）一、二、多」之順向結構吻合；而由「八卦」上溯至「太極」，則相合於「多、二、一（0）」之逆向結構。[38]至於八種卦象之次序，更反應了每一卦偏剛或偏柔的強度。也就是說，「乾」卦之剛性最強，其後「兌」、「離」、「震」、「巽」、「坎」、「艮」之剛柔互相消長，至「坤」卦達於最柔。姚鼐〈復魯絜非書〉中論及風格之剛柔說到：

> 且夫陰、陽、剛、柔，其本二端，造物者糅而氣有多寡，進絀則品次億萬，以至於不可窮，萬物生焉。故曰：一陰一陽之謂道，夫文之多變，亦若是已。糅而偏勝可也，偏勝之極，一有一絕無，與夫剛不足為剛，柔不足為柔者，皆不可以言文。[39]

所謂「造物者糅而氣有多寡，進絀則品次億萬，以至於不可窮，萬物生焉」，正吻合「太極→陰陽→四象→八卦」的演序；而「糅而偏勝可也，偏勝之極，一有一絕無」，也說明了《周易》八卦之剛柔消長，可以用來詮釋風格之偏剛或偏柔的程度。配合八卦所象徵的八種基本物象及其產生之作用，更可以推演出風格類型之統攝與分辨的結構雛形。《易·

---

[38] 關於「多、二、一（0）」結構的論述，可參照陳師滿銘〈論「多」、「二」、「一(0)」的螺旋結構——以《周易》、《老子》為考察對象〉，收錄於《章法學綜論》，頁 459-506。亦可參照本論文在第三章「章法風格的哲學基礎」。

[39] 見《惜抱軒文集》，卷六。收錄於《四部叢刊》影原刊本。

說卦》明白指出：

> 雷以動之，風以散之，雨以潤之，日以烜之，艮
> 以止之，兌以說之，乾以君之，坤以藏之。（第四章）
> 乾，健也；坤，順也；震，動也；巽，入也；坎，
> 陷也；離；麗也；艮，止也；兌，說也。（第七章）

「震」爲「陽氣在下，陰氣在上」之勢，象徵雷，用以鼓動
萬物；「巽」爲「陰氣進入強大陽氣下方」之勢，象徵風，
用以散佈流通萬物，也具備「謙遜」之德，表「潛入」之勢；
「坎」是「外陰內陽」之勢，象徵水、雨，用以滋潤萬物，
同時亦具備「險陷」之象；「離」爲「外陽內陰」之勢，象
徵日，用以照耀萬物使之乾燥，也內涵「附麗」之象；「艮」
爲「陽氣阻擋陰氣」之勢，象徵山，用以阻止萬物行動，故
有「停止」之象；「兌」爲「旺盛陽氣受陰氣軟化」之勢，
象徵說(悅)，能使萬物和悅，亦具有「喜悅」之德；「乾」爲
「純陽」之勢，象徵天，爲萬物之主宰，也具備「剛健」之
象；坤爲「純陰」之勢，象徵地，用以包藏萬物，也蘊含「順
從」之德。根據八卦的屬性與作用，再參酌《易‧說卦》闡
述八卦所象徵的各種物象，我們可以作下圖之推演：

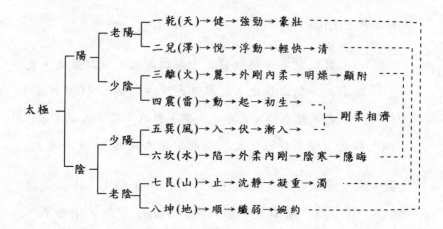

圖中之虛線，代表卦義之相反相對之關係。根據此圖之推演，可以將八卦分爲四組互爲對待的卦象，並從中看出其所反映的幾個現象：

一、「乾」、「坤」二卦的象徵與風格的關係

　　「乾」卦所象徵的「剛健」之義，及「坤」卦所象徵的「柔順」之義，在《易傳》中已有明確的規範。如：「觀變於陰陽而立卦，發揮於剛柔而生爻」[40]、「陰陽合德而剛柔有體」[41]、「剛健篤實輝光，日新其德」[42]、「內文明而外

---

[40] 見《周易・說卦傳》，第一章。
[41] 見《周易・繫辭傳下》。
[42] 見《易大畜・象傳》。

柔順」[43] 等。可見「乾」卦陽剛之特性可以概括宇宙間剛健強勁之事物,而「坤」卦陰柔之特質則代表一切柔順纖弱之概念。這兩種概念落到藝術領域來說,就是「陽剛之美」與「陰柔之美」。[44] 故凡「雄渾」、「豪壯」、「宏闊」、「遒勁」之風格,皆屬於陽剛之美;偏於「纖巧」、「婉約」、「飄逸」、「柔媚」之境界,則屬於陰柔之美。而「乾」、「坤」二卦則各為剛柔的極致。

二、「兌」、「艮」二卦的象徵與風格的關係

「兌」卦所象徵的水澤,具「浮動」之義,而浮動的水澤多具有輕快之特性,就事務之質性來說則歸於「清」,而藝術風格中的「悅動」、「明快」皆屬此類;相對於「艮」卦所象徵的山岳,具「靜止」之象,而靜止之事物多偏於凝重之特性,故可用「濁」的概念統之,而「沉鬱」、「凝滯」之風皆屬此類。「清」與「濁」是風格類型中極為重要的概念,曹丕《典論·論文》中所謂「氣之清濁有體」可為印證。而儒家提到「仁者樂山,智者樂水」更可以說明仁(柔)與智(剛)、山(柔)與水(剛)的對照。

---

[43] 見《易明夷·象傳》。

[44] 陳望衡:「剛柔在藝術領域中最重要的意義在於它成為兩大美學風格的代名詞。這就是陽剛之美與陰柔之美。用現代美學的概念來說即優美與壯美。」見陳望衡《中國古典美學史》(湖南教育出版社,1998 年 8 月一版一刷),頁 184。

三、「離」、「坎」二卦的象徵與風格的關係

「離」卦象徵火,「坎」卦象徵水。《周易‧正義》說:
「坎象水,水處險陷,故為陷也;離象火,火必著於物,故
為麗也」[45]。可見離卦有「附麗」之義,再配合卦象中「外
陽(剛)內陰(柔)」之勢,可看出「明燥」、「顯附」的特
性;而坎卦的「險陷」之義,配合其「外陰(柔)內陽(剛)」
之勢,及《周易‧說卦傳》所說的「坎為水,為溝瀆,為隱
伏」,則可推演出「陰寒」、「隱晦」的特性。這兩卦可以說
明風格類型中的「顯明」與「含蓄」之美。

四、「震」、「巽」二卦的象徵與風格的關係

從卦象的排序來看,「震」卦與「巽」卦已介於陰陽交
替之界。「震」卦象徵春雷鼓動,其「一陽入二陰」之勢,
正說明「初起」之義,《易‧說卦傳》:「震為雷……為蒼筤
竹,為萑葦……於其稼也為反生,其究為健,為蕃鮮。」蒼
筤竹即為初生之幼竹,而稼之反生指頂著種子的外殼破土萌
生,此皆有幼芽潛萌、草木繁盛之義。故以「震」卦說明「初
生」之德,是極為合理的。「巽」卦象徵風、木,風無所不
入,木楘根於地,其卦又呈現「一陰入二陽」之勢,故有「初

---

[45] 見《周易正義》(十三經注疏本,臺北:藝文)。

伏」、「漸入」之象。《易・說卦傳》所云「巽爲木，爲風……
爲進退，爲不果」即是此義。「震」是由陽轉陰，「巽」是由
陰轉陽，兩卦介於陰陽盛衰之際，運用在藝術風格的界定，
可以解釋剛柔相濟的現象。

五、八卦的陰陽趨向與風格的剛柔強度

　　既以八種卦象之次序，反應了每一卦偏剛或偏柔的強
度，那麼其所代表的風格也具有這種特性。就剛性風格而
言，「雄渾」、「豪壯」、「遒勁」之風，具有最剛的質性；其
次「悅動」、「明快」之風，剛性漸減；而「顯附」之風的剛
性又減；最後「震」卦所象徵的剛性最少，而漸趨於柔。就
柔性風格而言，「纖巧」、「婉約」、「飄逸」之風，具有最柔
的特性；而「沉鬱」、「凝滯」等風格的柔性居次；其後「隱
晦」之風的柔性又減；最後「巽」卦所象徵的柔性最弱，而
漸趨於剛。先天八卦圖的排序，印證了風格類型以「剛柔」
爲根源的理論。而每一卦象所推演來的質性，雖不能涵蓋所
有的風格品類，卻解釋了風格品類偏剛或偏柔的強度，對於
辭章風格的判定，提供了初步的原則與規律，也提供風格品
類最佳的哲學基礎。

　　縱觀一般風格品類的分化與合流，儘管有如司空圖「二
十四詩品」之繁複，其最終仍走向合流的論述，而統歸於「陽
剛」與「陰柔」兩大類型。我們透過《周易》的闡述印證，

建立風格品類的哲學基礎，更進一步確定了「陽剛」風格與
「陰柔」風格的母性。可見姚鼐的「剛柔說」對於風格品類
的統合，有其指導地位。周振甫曾針對姚鼐的「剛柔說」提
出闡釋，他說：

> 在這裡，姚鼐把各種不同風格的稱謂，做了高度的概
> 括，概括為陽剛、陰柔兩大類。向雄渾、勁健、豪放、
> 壯麗等都歸入陽剛類，含蓄、委曲、淡雅、高遠、飄
> 逸等都可歸入陰柔類。就這兩類看，認為「為文者性
> 情形狀舉以殊焉」，性情指作者之性格，跟陽剛、陰
> 柔有關；形狀指作品的文辭，跟陽剛、陰柔有關。又
> 指出這兩者「糅而氣有多寡進絀」，即陽剛陰柔可以
> 混雜，在混雜中，陰陽之氣可以有的多有的少，有的
> 消有的長，這就造成風格的各種變化。他雖然把風格
> 概括為兩大類，但又指出陰陽之交錯所造成的各種不
> 同風格是變化無窮的，這又承認風格的多樣化。[46]

由此可知，風格品類在「陽剛」與「陰柔」的統攝之下，
依其剛柔成分的消、長、進、絀，呈現其多樣品貌。所以，
辭章表現絕無「純陽剛」或「純陰柔」的風格，依其剛柔的
成分比例，可能出現「剛中寓柔」、「柔中寓剛」或「剛柔相

---

[46] 見周振甫《文學風格例話》(上海教育出版社，1989 年 7 月第 1 版)，
頁 13。

濟」的型態。而章法風格本以章法的「陰陽二元」作爲分析
理論的基礎,則確定這三種風格型態,可視爲章法風格的基
本類型。如果再進一步細分,「剛中寓柔」的風格類型,又
可分爲陽剛成分較多的「偏剛」風格與陽剛成分較少的「剛
中」風格;「柔中寓剛」的風格類型,同樣可分出陰柔成分
較多的「偏柔」風格與陰柔成分較少的「柔中」風格,根據
這樣的細分,在結合前述風格品類的分化、合流及其哲學論
述,章法風格的三種基本類型可與一般風格品類相互參照。
其對照表如下:

章　法　風　格		一　般　風　格
剛中寓柔	偏剛	雄渾、勁健、豪壯
	剛中	悅動、明快、輕清
柔中寓剛	偏柔	沈著、纖巧、婉約
	柔中	沈鬱、含蓄、重濁
剛柔相濟		

當然,此一對照表並無法涵蓋所有的風格品類,卻提供了一
般風格品類的剛柔成分,也同時爲章法風格作了初步的定
品。

第三節　辭章風格教學的理論建構

　　既已釐清歷代風格論述的源流與轉變，又瞭解了風格形成的哲學根源，我們就可以進一步建構辭章風格教學的理論。本節首先檢視辭章風格的內在條理，並確定章法風格在辭章風格中的主導地位，最後探討風格教學的心理基礎，期能爲實際的風格教學建構厚實的理論基礎。

一、辭章風格的內在條理

　　所謂「辭章風格」是指辭章整體審美風貌的展現[47]。從上節「歷代風格論述」中可以瞭解，古人對於風格的評斷多偏於印象式的論述，這些論述對於藝術感受力較高的讀者來說，仍是掌握辭章審美風貌的重要階梯；但是就一般讀者而言，面對辭章風格的抽象論述，就不免有「霧裡看花」、「隔靴搔癢」之嘆，更遑論是處於啓蒙階段的中學學生，如果沒有具體的條理可循，根本無法理解所謂「骨氣奇高，詞采華茂」[48]的境界，或是「高古」、「雄渾」[49]的風格品類。因此，分析辭章的深層邏輯，探討影響辭章風格的重要因素，以瞭解辭章風格的內在條理，進而確立檢視辭章風格的原則，是

---

[47] 顧祖釗：「風格的成因並不是作品中的個別因素，而是從作品中的內容與形式的有機整體的統一性中所顯示的一種總體的審美風貌。」見《文學原理新釋》（北京：人民文學出版社，2001年5月一版二刷），頁184。

[48] 見鍾嶸《詩品》評曹植詩言（《詩品集注》，上海古籍出版社，1994年10第1版，頁97）

[49] 見司空圖〈二十四詩品〉中所列的兩種風格。

引導中學學生體認辭章美感的具體路徑，也是辭章風格教學的基礎。

（一）影響辭章風格的因素

探討影響辭章風格的因素，首先必須瞭解「風格」在整個辭章學中的定位。

屬於辭章學的重要領域，包括意象學、詞匯學、修辭學、文法學、章法學、主題學及風格學等。這些研究領域雖各自獨立，彼此之間仍有其密切的關聯，因為一個完整的文學作品必須包含所有重要領域，才能呈現其生命與美感。所以，辭章既是一個充滿活躍生命的有機體，辭章學所包含的重要學門也應該自成其完整的體系。很可惜自古而今，中外文學理論並未真正探討各個學門的關聯，更遑論建構完整的辭章學體系。近年陳滿銘教授潛心於章法學的研究，並已逐漸擴充到整體辭章學的範疇，他首先提出辭章「整體意象」的概念，並運用「多、二、一（０）」的螺旋結構，試圖建構辭章學的系統。在其〈意象與辭章〉一文中，將辭章的內涵分為「形象思維」、「邏輯思維」與「綜合思維」三大領域，其言：

> 就形象思維而言，如果是將一篇辭章所要表達之「情」
> 或「理」，也就是「意」，主要訴諸各種偏於主觀的聯

想、想像，和所選取的「景（物）」或「事」，也就是「象」，連結在一起，或者是專就個別之「情」、「理」、「景（物）」、「事」等材料本身設計其表現技巧的，皆屬於「形象思維」；這涉及了「取材」與「措詞」等問題，而主要以此為探討對象的，就是意象學（狹義）、詞匯學和修辭學。……就邏輯思維而言，如果整個就「景（物）」或「事」（象）等各種材料，對應於自然規律，結合「情」與「理」（意），主要訴諸偏於客觀的聯想、想像，按秩序、變化、聯貫與統一之原則，前後加以安排、布置，以成條理的，皆屬「邏輯思維」；這涉及了「布局」（含運材）與「構詞」等問題，而主要以此為研究對象的，就字句言，即文（語）法學；就篇章言，即章法學。……就綜合思維而言，是合形象思維與邏輯思維而為一的。一篇辭章用以統合「形象思維」（偏於主觀）與「邏輯思維」（偏於客觀）而為一的，乃是主旨與風格（韻律）等，這就涉及了主題學與風格學等。而以此整體或個別為對象加以研究的，則統稱為辭章學或文章學。[50]

由此可知，辭章的內涵，對應於學科的領域，就包含了意象學（狹義）、詞匯學、修辭學、文法學、章法學、主題學和

---

[50] 見《修辭論叢》第六輯（臺北：洪葉出版事業公司，2004 年 11 月初版），頁 351～375。

風格學……等。陳滿銘並以「多、二、一（０）」的螺旋概
念，架構了各個學科領域的關係，如下表：

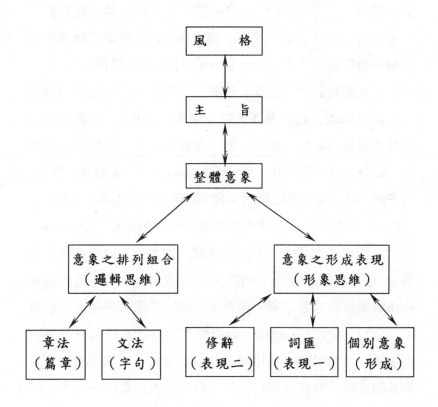

從上表推知，辭章學的體系，是以「形象思維」和「邏輯思
維」作為二元對待關係此為「二」。形象思維是指意象的形
成表現，包括意象（狹義）、詞彙與修辭；邏輯思維是指意
象的排列組合，包括文法和章法；此為「多」。至於綜合思

維是指意象的統合，包括了整體意象和主旨，此爲「一」，
而風格則爲「（０）」。從創作的角度而言，風格應是作家藉
由形式技巧表現其思想情感所呈現之契合自身才情的風
姿，這符合了「（０）一→二→多」的順向結構；從鑑賞的
角度而言，風格則是欣賞者主觀體悟到的作品之整體風貌與
格調，這符合了「多→二→一（０）」的逆向結構。[51]

　　可見鑑賞辭章可以從「意象」、「修辭」、「文法」、「章法」
等方面來個別分析，進而整合辭章的「主題」，以透視辭章
的整體風格與氣象。而不同的主題會展現不同的風格，如描
寫「閨怨」的主題，較容易呈現陰柔的風格，而描寫「戰爭」
的主題，則容易呈現陽剛的氣象；同理可知，辭章的「意象」、
「修辭」、「文法」、「章法」也透露著個別的風格：以「意象」
而言，如花草的輕柔、河海的壯闊，均展現不同的「意象風
格」；以「修辭」而言，如排比句常給人雄偉的感受，而婉
曲修辭則常有含蓄之氣，兩者所呈現的是截然不同的「修辭
風格」；以「文法」而言，如疑問句通常比直述句來得更引
人注意，語言氣勢大不相同，其所呈現的「文法風格」也大
異其趣；以「章法」而言，如立破法的對比質性，賓主法的
調和質性，亦蘊含不同的「章法風格」。同一篇辭章中所蘊
含的「主題風格」、「意象風格」、「修辭風格」、「文法風格」、

---

[51] 參見拙作《章法風格析論——以蘇軾詞、姜夔詞爲考察對象》（臺
灣師範大學國文研究所博士論文，2004 年 6 月），頁 59。

「章法風格」雖各有所偏，卻與辭章的整體風格密切相關。換句話說，分析辭章之「主題」、「意象」、「修辭」、「文法」、「章法」所內含的氣蘊，對於透視辭章整體的風格有莫大的幫助。可見辭章中個別的意象、詞彙、修辭、文法、章法等，以及整體之意象與主題，都是影響辭章風格的重要因素。[52]

更進一步言，意象（含詞彙）風格、修辭風格及文法風格仍侷限在辭章局部的律動；至於章法風格已涉及一篇辭章的韻律，而主題風格也關涉到整體辭章的動勢，可見這幾種局部風格對於整體辭章風格的影響有大小輕重之分。換言之，章法風格與主題風格對於整體辭章風格的影響，具有主導的地位，尤其是章法風格又運用「陰陽二元對待」的觀念來檢視辭章內部的陰（柔）、陽（剛）律動，更能確切掌握辭章風格的內在條理。因此，我們有必要進一步說明章法風格對於整體辭章風格的主導性。

（二）主導辭章風格的因素

章法的對比與調和，相應於風格的陽剛與陰柔，有其共通的哲學與美學根源；再以章法是屬於辭章的邏輯思維，其涉及材料的運用與主旨的安置，也關涉了形象思維的範疇，故藉由章法所抽繹出來的風格，實涵括辭章的形象思維與邏

---

[52] 同註 51，頁 61～62。

輯思維，與整體的風格更爲接近。所以，我們可以從下列幾
方面來說明「章法風格」對辭章風格的主導地位：

1.章法與風格的哲學根源相近

　　章法所探討的是篇章的邏輯，即由句連成節、由節連
成段、由段連成篇的條理。這些條理是深植人心的一種邏輯
規律，可相應於宇宙自然的生成與變化，所以，它與探討宇
宙人生的哲學與科學的關係也相當的密切。[53]

　　從章法的類型來說，章法是在「陰陽二元對待」的基礎
上建立起來的，這種二元對待的關係，在每一種章法可自成
陰陽的情況下，形成了「同類相從」的調和性章法，及「異
類相應」的對比性章法，或有些是對比兼調和的中性章法。

　　從章法的規律來說，章法四大律中的「秩序」與「變化」，
符合了宇宙中由變化形成秩序，再由秩序形成循環的規律；
而「聯貫」律吻合了宇宙中局部與局部的聯貫現象，「統一」
律則呼應於宇宙生成中會趨於整體統一的規律。[54]「秩序」
與「變化」是宇宙中的「多樣」，而「聯貫」是「二」（二元

---

[53] 參見陳師滿銘〈論章法的哲學基礎〉，收錄於臺灣師大《國文學報》
　　第三十二期（2002.12），頁 87-88。

[54] 陳滿銘說：「宇宙是離不開『動』的，而有了『動』，在過程中便一
　　定會造成『變化』、形成『秩序』。就在造成『變化』、形成『秩序』
　　的過程中，也一定會不斷地由局部與局部之『聯貫』（對比或調和），
　　而逐步趨於整體之『統一』。」見〈論章法的哲學基礎〉，收錄於臺
　　灣師大《國文學報》第三十二期（2002.12），頁 116。

對待)，「統一」是「一」，章法四大律恰與「多、二、一」的邏輯結構相吻合，也呼應了哲學或美學中所謂「多樣的統一」、「對立的統一」等學說。

作品風格是辭章所展現之整體的風韻格調，即辭章藉由內容情理與形式技巧所產生的一種抽象力量。從上述風格品類的演進發展，及風格的哲學論述，可以印證多樣的風格品類最終必歸於「陽剛」與「陰柔」兩大類型，以這兩大類型落實於辭章的風格中，則可能形成「剛中寓柔」（偏剛）、「柔中寓剛」（偏柔）、「剛柔相濟」等風格類型。由此可知，多樣的風格品類可視為「多」，「陽剛」與「陰柔」可視為「二」，而展現在辭章當中的「偏剛」、「偏柔」或「剛柔相濟」等風格形式，則為「一」，這又與宇宙的「多、二、一」結構吻合。此外，辭章的材料意象、修辭表現、語言邏輯及章法結構，分別包涵了辭章的「形象思維」與「邏輯思維」，而主旨呈現兼二者有之，風格則在主旨的基礎上展現出來。因此，在整個辭章學的領域當中，「意象」、「修辭」、「文法」、「章法」等範疇可視為「多」，「形象思維」與「邏輯思維」可視為「二」，主旨為「一」，風格則是在「一」之上的「０」。所以在辭章學的「多、二、一（０）」結構中，風格佔了極為重要的地位。

既以章法的「對比」與「調和」，可以相應於風格的「陽剛」與「陰柔」，兩者的哲學基礎乃殊途而同歸；而宇宙中所呈現的「多、二、一（０）」結構又同樣可以解釋章法與

風格的種種現象，可知章法與風格具有相近的哲學根源。

2.章法風格涉及辭章的邏輯思維與形象思維

　　如前所述，探討篇章的整體風格，必須兼顧辭章所蘊含的形象思維與邏輯思維，才可以客觀而完整地檢視此一辭章的抽象力量。換言之，藉由「意象」、「修辭」等形象思維所演繹出來的風格，著眼於意象的形成與表現，仍是根據形象本身所外顯出來的感染力；而藉由「文法」、「章法」等邏輯思維所演繹出來的風格，乃著眼於材料意象之排列組合的規律，重點在其內在深層邏輯的分析，以探討風格形成的脈絡。因此，推擴至篇章主旨，乃至於探討整體辭章的風格，必須融合「意象」、「修辭」、「文法」、「章法」所呈現的個別風格，才足以體現辭章風格的全貌。值得注意的是，以形象思維角度切入所呈現的風格，是傳統「印象式」批評的模式，所憑藉的是辭章學家深厚的學養；而以邏輯思維角度切入所呈現的風格，是藉由客觀邏輯所形成的節奏韻律來探求風格形成之深層脈絡，其中「文法風格」是著眼於字句的節奏韻律，而以「章法」邏輯切入所呈現的「章法風格」，則著眼於探討篇章的節奏韻律，更相近於辭章整體的抽象力量，再加上章法本身除了具備邏輯思維之外，也涉及了材料運用與主旨安置，這些都是形象思維的範疇，可見章法是兼具邏輯與形象思維的，而它所形成的章法風格，當然也兼具這兩種

思維，故能貼近辭章的深層脈絡與核心情理，對於探討篇章的整體風格助益極大。

3.章法風格從整體結構切入，最為接近辭章風格

可見「章法風格」從辭章的整體結構切入，它在每一種章法可自成陰陽的基礎上，藉由每一結構所構成的「移位」與「轉位」的作用，探討其偏於陽剛或偏於陰柔的動勢，並由核心結構帶出辭章整體偏剛、偏柔或剛柔相濟的韻律，不僅深入探討辭章的內在邏輯，更照顧到辭章意象與主旨所展現的感染力量。因此，我們可以斷定，章法風格是由辭章整體結構所推演出來的抽象力量，與辭章的整體風格最為接近。

綜上三點所述，章法風格雖然只是整體辭章風格的一部份，但是它可以掌握辭章風格主要節奏韻律的條理，可以提供我們一個具體可循、客觀而不偏頗的風格分析原則。

二、以「章法」、「主旨」為主導的檢視規律

章法風格在整體辭章風格分析中既是重要關鍵，我們就可以運用章法風格的規律來確定辭章「剛中寓柔」、「柔中寓剛」或「剛柔相濟」的風格趨向；再結合局部的意象風格、修辭風格、文法風格等因素，以檢視辭章局部的風格特質；

最後，結合主題風格以確定辭章整體的風貌與格調。所以，瞭解章法風格的理論，並藉由個別意象、修辭、文法等局部內涵統合出整體意象，最後以核心內容（即主旨）結合整體意象，就能透視辭章之風格。在這過程中，「章法」與「主題（主旨）」實佔有主導的地位，是分析辭章風格所應偏重的部分。

（一）章法風格的理論基礎

「章法風格」提供了形象分析之外的另一條路，它同章法一樣，都具有高度的邏輯性，理應合乎宇宙自然的規律。所以，欲建立「章法風格」的理論，首先必須瞭解「陽剛」與「陰柔」為風格最基本的兩大範疇；其次要確定各種章法的「陰陽」，以作為判定順、逆的依據；再者，探討章法之「移位」、「轉位」的現象，是為抽象的辭章風格尋得條理的重要步驟；最後，運用「多、二、一(0)」的結構，以整體、宏觀的角度確立風格（0）在此邏輯結構中的定位，從而根據「多樣（多）→對立（二）→統一（一）」的規律，以逆推辭章的風格趨向。

1.「陽剛」、「陰柔」為母性風格

如上節所述，我國以「剛」、「柔」之特性來談風格的觀

念，出現得很晚，它經歷了一個漫長的由簡而繁、再由繁而簡的歷程。

　　風格類型的界說，最早出現在曹丕《典論·論文》中，其對辭章「四科八體」的具體要求，就是各種文體所應展現的風格標準，已具有風格分類的雛形。其後劉勰的《文心雕龍》更明白提出辭章的八種旨趣，他不僅確立了八種風格類型，更進一步指出「雅與奇反，奧與顯殊，繁與約舛，壯與輕乖」的對應關係，形成了八體四類的完整體系。[55]從此風格類型的理論愈分愈繁，至唐代達於顛峰。如李嶠《評詩格》、釋皎然《詩式》及司空圖《二十四詩品》以形象描述來界定詩風，可說是風格類型多樣發展的極致。

　　風格品類的分析演進愈衍愈繁，而「詩品二十四則」已廣泛概括了辭章風格的類型，故後世學者另闢蹊徑，展開對風格品類統合的研究，如宋·嚴羽在《滄浪詩話》中提出九種風格，並歸納為兩大類，即「優游不迫」與「沈著痛快」[56]。又如明·屠隆把不同的風格概括成兩大類：一是「寥廓清曠，風日熙朗」的婉雅，二是「播弄姿肆，鼓舞六合」的奇偉[57]。這兩家已隱約分出風格的「優美」與「壯美」。更值得我們注意的，是清代姚鼐把多種風格歸併成「陽剛」、「陰柔」兩

[55] 見《文心雕龍·體性》篇。
[56] 見《滄浪詩話·詩辯》，卷一。收錄於《古漢語修辭學資料彙編》（臺北：明文書局，1984年9月初版），頁280。
[57] 見《鴻苞集》。收錄於《古漢語修辭學資料彙編》（臺北：明文書局，1984年9月初版），頁380。

大類別。他以為多樣的風格是由「剛」、「柔」的「多寡進絀」而形成的，這與風格形成的哲學思辨相互吻合，我們也據此找到了風格概括為「陽剛」、「陰柔」兩大類的理論基礎。

2.從章法的「陰陽」、「順逆」談風格的形成規律

章法有自成陰陽的對應關係（如「凡目」結構中，凡為「陰」、目為「陽」；「賓主」結構中，賓為「陽」、主為「陰」等），對於形成辭章風格的「陽剛」、「陰柔」有一定的作用。陳滿銘在〈論辭章的章法風格〉一文論及：

> 章法與章法結構，既然是建立在「陰陽二元對待」，亦即「剛」與「柔」互動的基礎上，當然與「剛柔」風格就有直接關係。而由章法與章法結構來解釋「剛柔」風格之形成，也自然最便利。因此要談章法風格之形成，就必須從章法本身與章法結構之陰陽、剛柔來探討。[58]

可見章法的「陰陽二元對待」，與風格的「陽剛」、「陰柔」有密切的關係。而想要確定「陰→陽」為順，「陽→陰」為逆，則必須進一步確立「陰」的根源質性，才能闡明「陰」為本、「陽」為末的觀點。在《老子》的守柔哲學中，所謂

---

[58] 見陳滿銘《章法學綜論》（臺北：萬卷樓，2003 年 6 月初版），頁302。

「負陰而抱陽」[59]，不僅說明了萬物「背陰向陽」的特性，更點出了萬物始生是由陰向陽的順行發展。而《周易》所言，宇宙萬物乃以陰（柔）陽（剛）為基礎衍化而成，實可結合《老子》的概念來看。陳望衡說：

> 《周易》中的剛柔也不只是具有性的意義，它也用來象徵或概括天地、日月、晝夜、君臣、父子這些相對立的事物。而且剛柔也與許多成組相對立的事物性質相連屬，如動靜、進退、貴賤、高低，剛為動、為進、為貴、為高；柔為靜、為退、為賤、為低。[60]

即已為「動靜」、「進退」、「貴賤」、「高低」等相對的概念確定了陰陽（剛柔）。因此我們可以確知，凡事物具有「沈重」、「晦暗」、「卑下」、「虛無」等特質者，多可歸入「陰柔」的範疇；而具有「浮動」、「光明」、「高遠」、「實有」等特質的事物，則多歸入「陽剛」的範疇。因此，根據這種陰陽定位的原則，可以推衍出各種章法本身的陰陽或剛柔，並進一步確定其順逆關係。茲舉常用的章法為例，表列如下：

---

[59] 見余培林《老子讀本・四十二章》（臺北：三民書局，1990 年 11 月九版），頁 76。

[60] 見陳望衡《中國古典美學史》（湖南教育出版社，1998 年 8 月第一版），頁 184。

章　　法	陰（柔）	陽（剛）	順	逆
虛實法	虛	實	由虛而實	由實而虛
今昔法	今	昔	由今而昔	由昔而今
正反法	正	反	由正而反	由反而正
圖底法	底	圖	由底而圖	由圖而底
因果法	因	果	由因而果	由果而因
凡目法	凡	目	由凡而目	由目而凡
賓主法	主	賓	由主而賓	由賓而主
抑揚法	抑	揚	由抑而揚	由揚而抑
點染法	點	染	由點而染	由染而點
眾寡法	寡	眾	由寡而眾	由眾而寡
高低法	低	高	由低而高	由高而低

我們確知每一種章法的陰陽或剛柔之後，就可以落實到辭章
結構之中，判定其順向（陰→陽）或逆向（陽→陰）的移位，
以及「陰→陽→陰」或「陽→陰→陽」的轉位。而順向的「陰
→陽」所呈現的是趨於陽剛的節奏，逆向的「陽→陰」所呈
現的是趨於陰柔的節奏，而且逆向移位的節奏較為強烈；至
於「陰→陽→陰」的轉位更強化了陰柔的力量，而「陽→陰
→陽」的轉位所強化的是陽剛的力量。由此可知，在分析辭
章整體風格的過程中，章法的「移位」與「轉位」固然是形
成風格的重要因素，而先前對於每一種章法的陰陽、順逆，
更必須準確地判定，才能作為順、逆向移位與轉位的重要依

據。

3.從章法的「移位」、「轉位」談風格的形成規律

　　章法的「移位」、「轉位」現象是根據章法的四大律而發現的。仇小屏在〈論辭章章法的移位、轉位及其美感〉一文中，就以四大律來說明章法「移位」與「轉位」的現象。她說：

> 任何一種文學作品，為了表達不同的情意，其展現的
> 「力」也有所不同。就章法結構而言，合乎秩序律所
> 產生的「力」的改變，稱為「移位」，其章法結構中
> 的二元呈現「本末」的關係；合乎變化律所產生的「力」
> 的改變，稱為「轉位」，其章法結構呈現了「往復」
> 的現象。這兩種力的變化仍有程度上的不同：「移位」
> 的變化程度較為緩和，而「轉位」的變化程度較為激
> 烈。[61]

根據上述「移位」與「轉位」的概念，在結合章法陰陽、順逆來看，則可以確定每一種章法的順、逆向移位及轉位的形式，茲舉幾種章法表列如下：

---

[61] 見仇小屏〈論章法的移位、轉位及其美感〉(《辭章學論文集》上冊（福州：海潮攝影藝術出版社，2002 年 12 月一版一刷），頁 98-122。

	移　　　位		轉　　　位
結構單元	正→反(順)	反→正(逆)	破→立→破
	凡→目(順)	目→凡(逆)	點→染→點
	點→染(順)	染→點(逆)	圖→底→圖
章法單元	先正後反→先凡後目(順)	先目後凡→先反後正(逆)	「正→反」與「反→正」
	先本後末→先虛後實(順)	先實後虛→先末後本(逆)	「點→染」與「染→點」
	先因後果→先論後敘(順)	先敘後論→先果後因(逆)	「圖→底」與「底→圖」

　　章法的移位與轉位所產生的力量並不相同，順向移位與逆向移位的力量亦有所差別。也就是說，順向移位所產生的力度較爲穩定流暢，逆向移位的力度則因爲逆勢而變得較爲激盪騷動，至於轉位乃結合順、逆兩種力量，在往復變化中所形成的力度比前二者更爲強大。這三種力量本身雖有陰陽之分，卻不足以確定章法結構的「陰」、「陽」，而是要看章法結構或單元內部的運動方向而定，如果結構或單元是向「陰」移動，則加強的是陰柔的力度；而結構或單元是向「陽」的方向移動，則加強了陽剛的力度。[62] 因此，在每一個文學作品所呈現的「多、二、一（０）」結構當中，可以先確定核心結構（二）是向陰或向陽的移位或轉位，其次徹下結合其他

---

[62] 參見陳滿銘《章法學綜論》（臺北：萬卷樓，2003 年 6 月初版），頁 305。

輔助結構（多）所呈現的向陰或向陽的力度，最後徹上結合
辭章主旨（一），那麼幾乎可以確定辭章整體向陰力度與向
陽力度的多寡強弱。而辭章風格（０）本是一種抽象力量的
表現，其主要型態可歸結為「陽剛」與「陰柔」兩類。我們
運用移位、轉位的觀念所推測出來的向陰或向陽的力度，應
與這種抽象力量相當地接近。

4.從章法的「多、二、一（０）」結構談風格的形成規律

　　「風格」是指具體事物所展現出的抽象力量或格調。就
文學的層次而言，指的是辭章之思想內容與藝術形式的總體
表現。既是辭章的總體表現，則必然可以從景（物）事、情
理、意象、修辭等形象思維，及語法、章法等邏輯思維當中
尋出辭章的整體風格。從創作的角度而言，作家以自身的才
性為本，首先確立一個中心思想(主旨)，再以形象思維與邏
輯思維融合運作，發為辭章，以完成涵蓋多方要素的文學作
品，這是一個由「統一」而「多樣」的順向過程；從鑑賞的
角度而言，我們透過對辭章材料的理解，從外圍的「景(物)
事」以探索核心的「情理」，進而梳理出辭章的中心思想(主
旨)，並透過各種形象分析與邏輯推理，以確定辭章的風格取
向，這是一個由「多樣」而「統一」的逆向過程。
　　一般而言，我們談論風格多從鑑賞的角度入手。在這種
逆向過程中，透過形象思維以確定風格者，是屬於直覺的分

析，一個具備深厚學養的鑑賞者，雖能準確地判定辭章的風格，卻往往訴諸直覺而缺乏條理性；而邏輯系統的簡明扼要，適足以釐清這一過程的條理，如語法邏輯有助於字句條理的釐清，而章法邏輯則涵蓋了辭章的整體表現，對於風格的形成更具有影響性。因此，想要探求辭章風格的生成規律，應從邏輯結構入手，才得以尋其本源。

任何文學作品在美學或哲學的範疇中，對於審美原則或變化規律，有所謂「多樣的統一」、「對立的統一」等概念，這幾種概念再加以融合、分析，則可以尋出「多、二、一(0)」的邏輯結構。關於這種邏輯結構，陳滿銘曾分析說：

> 我們的祖先，生活在廣大「時空」之中，整天面對紛紜萬狀之現象界，為了探其源頭，確認其原動力，以尋得其種種變化的規律，孜孜不倦，日積月累，先後留下了不少寶貴的智慧結晶。大致說來，他們先由「有象」（現象界）以探知「無象」（本體界），再由「無象」（本體界）以解釋「有象」（現象界），就這樣一順一逆，往復探求、驗證，久而久之，終於形成了他們的宇宙觀。而這種宇宙人生觀，各家雖各有所見，但若只求其同而不求其異，則總括起來說，都可以從「(0)一、二、多」（順）與「多、二、一(0)」（逆）

的互動、循環而提昇的螺旋關係上加以統合。[63]

這種順向與逆向的互動、循環，確實呈現了宇宙層層推展、循環不息的原始規律。而探求風格的形成，可單就「多、二、一(0)」的逆向結構而論。

中國哲學的「多、二、一(0)」結構，可以解釋許多藝術生成的規律。落於辭章風格來說，作家透過邏輯思維，將「景(物)」、「事」等各種材料，對應於自然規律，結合「情」、「理」，訴諸於客觀的聯想，並依秩序、變化、聯貫與統一的原則，來加以安排、佈置，形成各種相應的條理，進而呈現在辭章的結構之中。[64] 所有核心結構以外的結構都屬於「多」；而核心結構所形成的「二元對待」，自成陰陽而「相反相成」，以徹上徹下，形成結構的「調和性」與「對比性」，是為「二」；至於辭章的「主旨」或由「統一」所形成的風格、韻味、氣象、境界等，則屬於「一(0)」。[65] 由此而知，風格（0）必須依附在主旨（一）之上才能呈現出來；而有

---

[63] 陳滿銘從《國語‧鄭語》中的史伯之論與《左傳》中的晏子之言，見其雛形；進而考察《周易》(含〈易傳〉)與《老子》的哲學，提煉出「(0)一」、「二」、「多」之順向與「多」、「二」、「一(0)」之逆向互相循環、往復而提升的螺旋結構，足以作為文學與美學研究的重要理論基礎。參見〈論「多」、「二」、「一(0)」的螺旋結構—以《周易》與《老子》為考察重心〉，收錄於《章法學綜論》(同註9)，頁459-506。

[64] 參見陳滿銘〈論章法的哲學基礎〉，見〈論章法的哲學基礎〉，收錄於臺灣師大《國文學報》第三十二期（2002.12），頁116。

[65] 參見陳滿銘《章法學綜論》(臺北：萬卷樓，2003年6月初版)，頁249。

象的「主旨」，是辭章的核心情理，也是形成無象之「風格」
的主要力量；至於核心結構中以二元對待所產生的調和性與
對比性，又相應於「陰柔」與「陽剛」的質性[66]，並可檢視、
結合其他輔助結構來說明辭章風格的取向。如此從有象的
「一」進渡到無象的「０」，章法結構貫串起一條邏輯的理
路，對於辭章風格的形成規律提供了客觀的思考，也確立了
「章法風格」存在的價值。

（二）整體辭章風格的形成規律

　　根據辭章學的體系，檢視風格的形成規律除了分析其章
法風格之外，理解辭章的「整體意象」和「主題（主旨）」
的內涵也極為重要。陳滿銘曾說：

> 影響一篇風格形成之主要因素，就辭章之內涵而言，
> 有意象、修辭、文法、章法與主旨、文體等；而章法
> 由於可透過其「多、二、一（０）」結構，由「章」（節、
> 段）而「篇」地，藉「多」來整合意象群、藉「一」
> 來凸顯一篇主旨，所以由此所呈現之章法風格，是和

---

[66] 仇小屏：「『對比』會形成極大的反差，因此有強健、闊達、華美之
感，所以趨於『陽剛』；而『調和』則因質性之相近，產生優美、
融洽、鎮靜、深沈等情緒，因此自然趨向於『陰柔』。」見《古典
詩詞時空設計之研究》（臺灣師大國文研究所博士論文，2001 年 2
月），頁 329。

　　一篇風格最為接近的。

這裡提到了風格形成的重要因素，也強調「章法風格」對於
整體辭章風格的影響。接著他又說：

　　所謂內容決定形式，而主旨又是內容的核心，因此主
　　旨對風格之影響極大。[67]

這裡又強調「主旨」對於辭章風格的主導地位，而「主旨」
的呈現也包含了「整體意象」[68]。

　　綜上所言，我們可以確立鑑賞辭章風格的原則。首先，
要瞭解個別的材料意象，從內容上體會材料意象的感染力
量，從藝術形式透視其修辭的美感效果。其次，透過章法結
構，分析其陰陽動勢，進而確定辭章風格的剛柔形態。最後
結合主旨，統合出整體風格之美。這種風格的鑑賞程序，可
以涵蓋辭章的局部風格與整體風格，又能兼顧辭章的形象思
維與邏輯思維，不僅契合傳統印象式的風格述評，更能具體
理解風格形成的內在規律。

---

[67] 見〈論東坡清峻詞的章法風格〉，收錄於《宋代文學研究叢刊》第
　　九期（高雄：麗文文化公司，2003 年 12 月），頁 336-337。
[68] 「整體意象」包括了屬形象思維之個別意象的形成（以材料意象為
　　主）與表現（以詞彙、修辭為主），以及屬邏輯思維之意象的組織
　　（以字句邏輯之文法、篇章邏輯之章法為主）。所以，我們只要探
　　討辭章意象的形成表現，以及意象與意象之間的排列組合，就能統
　　合辭章的整體意象。參考陳滿銘《章法學綜論・自序》（臺北：萬
　　卷樓，2003 年 6 月初版）。

三、辭章風格教學的心理基礎

　　既已建構辭章風格的檢視原則，我們必須進一步落實於教學之中，透過教學之心理基礎的探討，才能建構完整的風格教學理論。從「多、二、一（０）」的螺旋結構來看，辭章的創作屬於「（０）一→二→多」的順向結構，而辭章鑑賞則屬於「多→二→一（０）」的逆向結構。試以辭章的創作與鑑賞兩方面，分析風格教學的心理基礎如下。

（一）從辭章創作的角度來說

　　以「多、二、一（０）」的螺旋結構為依據，辭章創作是一種順向的思維活動。它是「（０）一→二→多」的順向結構。所以在創作構思初期，作家就已經確定核心情理（一）與風格趨向（０）。劉雨闡述這種構思心理提到：

> 　　在創作構思中，作家對情節的編織和改造，在很大的
> 　　程度上體現著他的表現意圖和審美要求。[69]

這裡所謂「表現意圖」和「審美要求」可以視為展現於辭章的主旨和風格。有了確定的主旨與風格，作家基於自身的才

---

[69] 見《寫作心理學》（高雄：麗文文化公司，1995 年 3 月初版），頁 287。

學和見識，選取適當材料以形成意象，並透過意象的表現與
組織，傳達合乎主旨的情理，使之契合初始風格的頻率。蘇
珊・朗格在論述藝術家經驗內化的過程時，曾說明「現實物」
與「想像物」之間的關係，她說：

> 藝術家的眼睛，就是能將看到的事物同化為內在形象
> 的眼睛，也就是將表現性和情感意味移入到外部世界
> 之中的能力。藝術家從現實中所取得的一個圖案、一
> 束鮮花、一片風景、一椿歷史事件或一椿回憶，生活
> 中的任意一種花樣或課題，都被轉化成一件浸透著藝
> 術活力的想像物，這樣一來，就使每一件普通的現實
> 物都染上了一種創造物所應具有的意味。這就是自然
> 的主觀化，才使得現實本身被轉變成了生命和情感的
> 符號。[70]

以辭章來說，作家將「現實物」轉化爲「浸透著藝術活力的
想像物」，是他獨特的眼力與當下的情感灌注於外在現實物
所致。由「現實物」轉化爲「想像物」，我們看到了「自然
物象」轉爲「辭章意象」的過程。個別的「辭章意象」（意
象群）是透過作家獨特的眼力擇取而成，它們蘊含作家當下
的情感思理，也同時浸染了整體風格的成素。所以，藉由辭

---

[70] 見蘇珊・朗格《藝術問題》（滕守堯、朱疆源譯，北京：中國社會
科學出版社，1983年2月第1版），頁67-68。

章之特殊能力如構詞、修辭、謀篇、立意等，進行意象的表
現與意象的組織，其所形成的個別風格，都與辭章的整體風
格相關。由此可知，風格在辭章創作的過程中，雖是隱性的
存在，實佔有主導的地位。

在進行風格教學時，瞭解作家的創作心理非常重要。認
知風格的主導地位更是重要。這讓我們瞭解到辭章風格的分
析，必須兼顧寫作背景的探索與作家風格的述評，才能確實
掌握辭章風格的全貌，進而建立正確的教學步驟，裨益於學
生對於辭章風格的理解。

（二）從辭章鑑賞的角度來說

「鑑賞」是一種審美心理的活動。瞭解審美心理的過
程，有助於釐清鑑賞活動的內在規律，進而提供鑑賞者具體
可行的原則。至於審美心理過程則包括了認識過程、情感過
程和意志過程。就認識過程而言，它是以「審美直覺」[71]為
開端，經過聯想、想像、分析、綜合等活動，進而對事物進
行審美的判斷，以達到審美的理解。

就情感過程而言，從審美直覺到審美想像、判斷，再到

---

[71] 所謂「審美直覺」是指審美心理過程中的感性直覺、理性直覺及其
具體形式：感覺、知覺、統覺、錯覺、幻覺、表象等。參見邱明正
《審美心理學》（上海：復旦大學出版社，1993 年 4 月第 1 版），
頁 145。

創造美的意志，都存在著審美的情感、情緒。所謂「異質同構」，就是以審美情感為中心所聯繫的心物作用，最後形成一種超越認知階段的審美意象。[72]

就意志過程而言，人在審美中開始認識活動與情感活動時，需要有一種內在的力量來控制、調節，這種力量就是審美的意志。換言之，審美意志是人在審美過程中的自覺控制，以克服主觀、感性的障礙，進而實現預定目的的心理活動。[73]

綜而言之，審美意志與審美認識、審美情感之間是一種雙向推動、相互滲透、相互包容的心理態勢。這種態勢如圖所示：

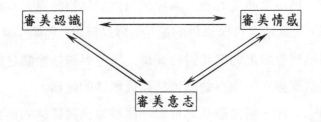

審美心理就在認識、情感、意志三種過程的互動、互容中，完成其審美、創造美的實踐。

落到辭章鑑賞來說，我們運用觀察、記憶的能力，深刻感知辭章意象的存在，進而激發自身與材料意象之間的情感

---

[72] 參見邱明正《審美心理學》（同註 71），頁 267。
[73] 參見邱明正《審美心理學》（同註 71），頁 370。

交流,並運用辭章之修辭、章法等專門知識,建構其自覺意志,以調整、控制審美之心理,完成符合客觀規律的鑑賞活動。因此,培養對意象的主觀感知能力,是辭章鑑賞的基礎;建構對意象的客觀掌控能力,是辭章鑑賞的完成。基於這種審美心理的認知,我們在教學上引導學生從事鑑賞活動,就必須偏重於感知能力與意志能力的培養,方能建立學生兼顧主、客觀的鑑賞能力。

結　語

綜觀歷代風格論述的源流與轉變,我們見到風格品類由簡而繁、再由繁而簡的漫長過程,也對於風格的界定有清楚的理解。而風格之哲學思辨的釐清,可以確定「陽剛」與「陰柔」在風格分類上的二元對待關係。這些與風格相關之歷史流變與哲學觀點,均有助於風格鑑賞理論的建構。

另一方面,藉由辭章之意象、修辭來探討風格的形象質素,再以文法、章法分析風格的邏輯條理,最後統合成整體意象,上貫於主旨,歸納出兼具形象思維與邏輯思維的辭章風格。這是辭章風格鑑賞的原理,在此原理之上,我們更運用心理學以探索風格教學的心理基礎,如此建構的教學理論,將是辭章風格之實際教學的重要依據。

第三章

辭章風格與作家風格

　　辭章是作家用來表達思想、抒發情感的媒介。所謂「情動而言形，理發而文見」[1]，就是說明從隱藏於作家內在的情理，到表現於外在的辭章，兩者有密不可分的關係。而辭章風格是辭章整體風貌的展現，當然與作家風格直接相關。本章探討作家風格，首先分析影響作家風格的內外因素，進而針對中學詩歌教材之相關作家，進行風格述評，以瞭解辭章風格與作家風格的關係，作為我們進行風格教學的重要參考。

第一節　影響作家風格的內外因素

　　作家風格的形成，除了先天的情性之外，其所處外在環境的陶染，也是重要因素。劉勰在《文心雕龍·體性》篇提到：

---

[1] 見劉勰《文心雕龍·體性》篇。

> 才有庸儁，氣有剛柔，學有淺深，習有雅鄭；並情性
> 所鑠，陶染所凝，是以筆區雲譎，文苑波詭者矣。

這裡強調先天的「才質」、「氣性」與後天的「學養」、「習
染」是形成作家風格的主要因素。本節從內、外兩方面探討
影響作家風格的因素，以瞭解其風格形成的軌跡。

一、內在的先天因素

所謂內在因素是指作家的情性而言。作家的情性來自先
天的才質與氣性。曹丕《典論·論文》所云：

> 文以氣為主，氣之清濁有體，不可力強而致，譬諸音
> 樂，曲度雖均，節奏同檢，至於引氣不齊，巧拙有素，
> 雖在父兄，不能以移子弟。

其說明文章受到作家「氣之清濁」的影響，而形成各種不同
的風格，而作家的才氣不能「力強而致」，即使如血緣相通
的父子兄弟也是如此。這種概念雖為首見。卻仍有偏頗。因
為才氣屬於人性中的個性，並非普遍的性情。宋儒對於這種
區別曾有深刻的體會，如張載所云：

> 人之剛柔、緩急、有才與不才，氣之偏也。天本參合

不偏，養其氣，反之本而不偏，則盡性而天矣。[2]

張載曾將性情區分為兩種：一為「天地之性」，是人類普同的善性；一為「氣質之性」，是偏於個人的個性。對於「氣質」之說，他亦解釋：

> 氣質，猶人言性氣，氣有剛柔、緩速、清濁之氣也。質，才也，氣質是一物，若草木之生，亦可言氣質，惟其能克己，則為能變化却習俗之氣。[3]

氣質之性具有剛柔、緩急、清濁的分殊，它也是一種才能，有大小、強弱之分。氣質因具有分殊性而有所偏，或偏於剛，或偏於柔，這與曹丕所謂「氣之清濁有體」都同樣指人的個性而言。而張載認為，透過「復性」、「養氣」的功夫，使有偏的氣質之性回歸於天地本然之善性，所以，「氣質之性」與「天地之性」是二而一的概念，兩者的分殊與統一，點出了「變化氣質」的可能性。梁、劉勰曾結合辭章與作家的才氣說到：

> 辭理庸儁，莫能翻其才；風趣剛柔，寧或改其氣[4]

他說明文辭情理的平庸或儁美，風格旨趣的陽剛或陰柔，大

---

[2] 見張載《正蒙‧誠明》篇。
[3] 見《經學理窟‧學大原》上篇，卷六。
[4] 見《文心雕龍‧體性》篇。

部分來自於作家天生的才氣。這裡強調作家之才氣對於文辭
情理與風格旨趣的影響力量，如果結合其「學」、「習」的概
念來說，則透露著「才」、「氣」仍有轉移改變的可能。

二、外在的後天因素

　　所謂外在因素，是指時代潮流、地域風俗或家世背景對
作家產生薰染，影響其整體人格特質的發展。劉勰在《文心
雕龍・體性》篇，說明辭章與學養的關係提到：

> 事義淺深，未聞乖其學；體式雅鄭，鮮有反其習。

強調創作辭章時用事引義的深淺，與作家的「學力」相關；
而體制法式的雅俗，也很少違反作家之「習業」的。這裡所
謂「學力」與「習業」是後天環境陶染所聚，也是改變先天
才氣的主導力量。先天的才氣融合後天的學習，形成作家整
體人格特質的展現，並完成「知識結構」的體系。劉雨針對
「知識結構」的定義及來源曾解釋說：

> 寫作主體的知識結構，是主體在生活歷程中，通過親
> 身觀察體驗和讀書學習所形成的相對穩定的自身知識
> 體系。……一定的知識結構，除了生理上所表現的一
> 部分先天因素之外，主要是在社會生活環境、文化教
> 育、家庭教育、民族風俗、倫理道德、生活經歷、文

化遺產、傳統與諸因素的影響下產生的。[5]

這裡說明知識結構的形成，除了先天的部分因素之外，他更強調後天的外在環境所造成的陶染作用。所謂「社會生活環境、文化教育、家庭教育、民族風俗、倫理道德、生活經歷、文化遺產、傳統與諸因素」，就是作家學養與習染的主要來源。

知識結構的形成，代表著作家才、氣、學、習的融合。而知識要落實在辭章創作當中，仍需要「能力」的實踐。

三、內外因素的融合

內在先天的才氣與外在後天的學習，融合成完整的知識結構。辭章創作不僅要具備合理的知識結構，更重要的是要具有完成創作目的之相應能力。這種能力從感知、思維、表現的等方面展現出來，西方的心理學稱之爲「智力（intelligence）」[6]，佛家稱之爲「智慧」，而傳統史學家則稱爲「識」。清代史家章學誠解釋「才學識」的觀點提到：

---

[5] 見劉雨《寫作心理學》（高雄：麗文文化公司，1995 年 3 月初版），頁 48-55。

[6] 劉雨：「智力是指人各種能力的總和。人在從事某活動時，必須具備相應能力，這種能力就是能順利完成這種活動的心理特性。……人在從事一定活動所具有的各種能力的綜合，叫做才能，智力結構就是才能結構。」見《寫作心理學》（高雄：麗文文化公司，1995 年 3 月初版），頁 65。

才、學、識，三者得一不易，而兼三猶難，千古多文
人而少良史，職是故也。…… 非識無以斷其義，非才
無以善其文，非學無以練其事，三者固各有所近也，
其中固有似之而非者也。記誦以為學也，辭采以為才
也，擊斷以為識也。非良史之才學識也。[7]

章氏乃根據史學的角度而發。有了史才，可以善其文，而只
知在辭采求表現仍非良史；有了史學，可以練其事，但也不
是光憑記誦之學就能勝任。史才與史學要能有機融合，才成
呈現辨識史學義例、決斷史學方法的史識。其論述的觀點雖
是針對史學而發，卻提供了「才+學→識」的具體脈絡。

不同的職業和實踐活動，人為地造成人們在「識」上的
差異。如畫家的繪畫活動需要觀察能力、色彩鑑別能力、形
象記憶能力和視覺想像能力的綜合。作曲家的音樂活動需要
聽覺記憶能力、曲調感知能力和節奏感知能力等的綜合。就
辭章創作活動而言，每個人因「識」的不同，會擇取不同的
主題、不同的材料、不同的表現技巧、不同的邏輯推理，當
然就形成不同的風格。由此可以概略認知作家之「識」與辭
章風格的關係。

第二節　歷代作家風格述評

---

[7] 見章學誠《文史通義校注・史德》篇（臺北：頂淵文化公司，2002
年9月初版），卷三。

　　本節擇取中學詩歌教材之相關作家，概述其生平際遇，並分析作家一生的性格轉變，同時參考後人之評價，以見其生平風格之概。茲以作家年代先後爲序，述評如下：

一、陶淵明

　　陶淵明，一名潛，字元亮。二十九歲之前是他居家讀書時期，此時因儒家思想的薰陶，頗有兼善天下之大志。二十九歲之後幾度出仕，但出身寒門，只能擔任地方小官，四十歲以前，陶淵明一直過著時隱時官的生活，此時期他都在現實與理想中浮沈，思想上亦充滿出仕與歸隱的矛盾。四十一歲，任彭澤縣令，因不願向自己所輕視的督郵屈膝奉承，率而辭官，從此過著隱居不仕的生活，二十餘年躬耕田園，賦詩飲酒，以終其生。

　　在陶淵明的生命歷程中，二十九歲以前居家讀書，展現典型儒家溫厚而積極的性格。二十九歲至四十一歲開始感受到世俗環境的現實與庸擾，和他積極純真的心靈相互衝突，這時期的性格充滿憤世嫉俗的矛盾。四十一歲以後歸隱田園，性情轉趨平淡，以薰染了道家曠達自適的襟懷。這三個時期的性情雖有不同，但其一貫「自然率真」的性格始終不變。鍾嶸《詩品》評曰：

　　　　文體省靜，殆無長語。篤意真古，辭興婉愜。每觀其

文，想其人德。世歎其質直。[8]

其謂「質直」，大部分來自天生率真的氣性，投射在他的文學作品中，則是質樸自然的風格。

二、王之渙

王之渙，字季凌，唐并州（今山西太原市）人。生於西元六八八年，卒於西元七四二年。其活動於文壇的時間，大約是在武后末期至玄宗開元年間。因不屑科舉功名，甚少政治活動，史傳記載闕如，故生平事蹟無稽可考。根據近年所發現的墓誌銘，稱王之渙的性格：

慷慨有大略，倜儻有異才。

並稱讚他的邊塞詩：

傳乎樂章，布在人口。[9]

由此評價可以概略知道王之渙性格豪放，風流倜儻，其留於後世的詩作雖然只有六首，卻普遍為人傳唱。而《唐詩三百首》亦選錄了兩首膾炙人口、傳唱千古的名作，即〈登鸛雀

---

[8] 見《詩品集注》（上海古籍出版社，1994 年 10 月第 1 版），頁 260。
[9] 見靳能〈唐故文安郡文安縣太原王府君墓誌銘并序〉。

樓〉與〈涼州詞〉。流傳於民間「旗亭畫壁」[10]的故事，雖無法證實真偽，但與墓誌銘中所謂「傳乎樂章，布在人口」的評價卻相吻合。

　　從這些零星的記載顯示，王之渙「豪放不羈」的性格應是可以確定的，再結合他所流傳下來的詩作，確實可以印證他的性格基調。在盛唐詩壇中，王之渙是佔有一席之地的。而詩作傳於民間，也能看出王之渙在唐代民歌中的地位。

三、李　白

　　李白，字太白，號青蓮居士。出生於碎葉（今中亞巴爾喀什湖附近），幼年又隨父遷居綿州昌隆縣青蓮鄉（今四川江油）。年二十五，離開四川，隨道士吳筠入長安。因賀知章的賞識而薦之玄宗，遂召爲翰林供奉。後因得罪楊貴妃，又被權貴所謗，不久即離開長安，浪跡四方。天寶十四載，安史之亂爆發，李白依永王李璘起義，後李璘兵敗受累，流放夜郎，中途因郭子儀相救而遇赦北還。晚年漂泊窮困，依當塗令李陽冰，六十二歲病死於當塗（今安徽當塗縣）。

　　李白早年學劍，又接觸方士之術，造就他豪邁不羈，輕財任俠的性格。再加上出身胡漢邊境，及受道家思想與楚文

---

[10] 故事記載見於唐、薛用弱的《集異記》。大略記載詩人王昌齡、高適與王之渙三人共詣旗亭，賭歌妓唱誰的歌詞爲多，則是文才最優，結果三人之詩皆爲歌妓所唱誦，遂傳爲佳話。

化的薰染，其性格充滿浪漫的色彩。根據日籍學者松浦友久研究李白「謫仙人」的形象及觀念，認爲「謫仙人」的屬性有三：一、才能超群（超俗性）；二、社會關係的客體化（客寓性）；三、言行放縱（非拘束性）。[11] 若持這三點以檢驗李白的作品，就可推溯其超卓的文才與飄逸奔放的風格的源頭。

四、崔　顥

崔顥，唐汴州（今河南開封）人。早年沈迷於聲色之中，性情輕薄，詩作亦以豔體爲主。及至壯年，奮發上進，於玄宗開元十一年（西元七二三年）中進士第。後經過宮廷、邊塞與江湖行游的歷練，氣度轉爲恢闊，詩作亦呈現多樣風貌。其生平事蹟不詳，我們僅能根據所做作詩歌分辨其風格的轉折。如早年的〈王家少婦〉描寫閨閣生活，風格浮豔輕薄；晚期的〈送單于裴都護〉，氣勢磅礴而愛國情切；至於〈七夕〉詩在描寫宮女孤居的寂寞，感情細膩而含蓄；〈長干曲〉則是民間歌謠的仿作，充滿純樸自然之致；而著名的〈黃鶴樓〉則以今昔之感與思鄉情愁，表現了開闊幽紗的感染力。殷璠曾經評斷崔顥詩風云：

　　　年少為詩，屬意浮豔，名陷輕薄。晚節忽變常體，風

---

[11] 參見松浦友久〈有關謫仙人稱呼的幾個問題〉，。

骨凜然，一窺塞垣，說盡戎旅。[12]

這裡將崔顥的詩風分為兩期，可略見其早年至晚年，因際遇轉變所產生的迥異性格，也概括呈現崔顥詩作的整體風格。

五、孟浩然

　　孟浩然，唐襄州襄陽（今湖北襄陽）人。早年隱居在家鄉的鹿門山，直到四十歲才至長安求仕，其詩頗享盛名，但因忤逆唐玄宗而失去進爵的機會，從此宦途失意，行遊於吳越、江淮各地。玄宗開元二十五年（西元七三七年），因張九齡貶為荊州刺史，遂入其幕府擔任僚屬，後因疾病辭官歸鄉，又轉為「背疽」之惡疾，於開元二十八年（西元七四〇年）病逝，享年五十二歲。

　　孟浩然與王維並為唐代重要的田園詩人，然其生命遭遇與王維迥異，風格亦有所不同。孫燕文評其詩風云：

> 孟浩然的詩歌以山水田園、漫遊隱逸為基本內容。其山水詩，偶有壯闊山川的描繪，氣勢磅礴，格調雄渾。但他更長於描寫山林隱逸者的幽居情景。語出自然，不事雕琢，風格清新而曠遠，創造出一種清幽淡雅的

---

[12] 見殷璠《河嶽英靈集》（1929 年上海商務印書館四部叢刊影印明刊本），卷中。

境界。[13]

其言「清幽淡雅」，可視爲孟浩然詩歌風格的基調，而其一生懷才不遇、困頓落拓的際遇，使得他在清幽淡雅的性格之中，少了王維「閒淡曠遠」的格調，卻多了「憤懣抑鬱」的愁緒，可見孟浩然的人生際遇成爲其個性與風格的重要成素。

六、杜　甫

杜甫，字子美，祖籍京兆杜陵（今陝西長安縣南），後遷至湖北襄陽，出生於河南鞏縣。爲晉杜預十三世孫，子孫世業相傳，均以尊奉儒學爲宗，因此「奉儒守官，未墜素業」[14]、「詩是吾家事」[15]成爲杜甫家世的最大特點。

杜甫一生正處於唐朝由盛轉衰的關鍵，他既經歷了安史之亂前繁榮富強的唐朝盛世，也親眼目睹安史之亂的民生離亂的過程，並且看到亂後的唐朝一蹶不振、江河日下的衰敗景象。他的生活與創作，幾乎與那個紛擾動盪的時代息息相關。三十五歲以前，是他讀書漫遊的生涯，處於開元時期的盛世，早年苦讀詩書，壯年更漫遊於吳越、齊趙、梁宋之間，

---

[13] 見孫燕文主編《孟浩然詩欣賞》（臺南：文國書局，2004 年 2 月第一版），頁 1。

[14] 杜甫〈進雕賦表〉。

[15] 杜甫〈宗武生日〉。

成就了淵博奮進的儒者風範。三十五歲至四十四歲，是杜甫困守長安的時期，原本以「至君堯舜上，再使風俗淳」[16]政治抱負，想要在官場上施展長才，卻受到奸臣弄權，不僅科舉受挫，幾度自薦卻僅得「河西尉」、「右衛率府胄曹參軍」的小官，杜甫這時期的心境是困苦落拓的。年四十五歲，時值天寶十四載，安祿山在范陽叛變，杜甫隨百姓流亡，期間親見叛軍所據之處國破家亡的悽慘景象，後肅宗即位鳳翔，任左拾遺，旋因救房琯而忤肅宗，貶爲華州司功參軍。將近四年時間，杜甫四處奔波跋涉，經歷戰亂生活的磨練，寫下許多烽火離亂、慷慨悲憤的詩篇。四十八歲，杜甫因關輔饑荒而辭官離開長安，舉家遷往四川，開始他飄泊西南的歲月。直至五十九歲病故，他曾在成都、夔州（四川奉節）等地，有過短暫安定的生活；也曾流轉於四川、湖北各地，度過飄泊老病的歲月。而夔州定居的兩年期間，有大量的登高、壯遊、遣懷等詩作，多沈鬱悲涼之氣。關於杜甫因才氣與學養所形成的特殊風格，祝蒙的評析頗爲詳盡中肯，其云：

> 在寫作方法和風格上，杜詩將傳統的現實寓意和浪漫主義結合的風格發揚到極致。杜甫熟悉古詩傳統創作方法、形式和技巧，同時把自己的人格、氣質、審美觀以及一生艱困遭遇形成的悲涼沈鬱的情懷都融合在一起，然後再回到客觀現實的那些干戈離亂、炎涼世

---

[16] 見杜甫〈奉贈韋左丞丈二十二韻〉。

態中去進行認識和表現。加之語言的剛勁華美、音律
的抑揚頓挫、結構曲折自然、手法含蓄蘊藉，便形成
老杜特有的詩風，即：沈鬱蒼涼，雄健高華。[17]

所謂「沈鬱蒼涼，雄健高華」的整體評價，乃融合了先天才
氣與後天學習的種種因素而成，可視爲杜甫獨特的風格。

七、白居易

　　白居易，字樂天，自號香山居士。德宗貞元十六年（西
元八〇〇年）進士。早年仕宦頗關心時政，正直敢言。憲宗
元和十年（西元八一五年），山東藩鎮李師道派刺客刺死主
張對藩鎮用兵的武元衡，白居易眼見朝廷姑息，遂越職上書
請求緝凶，因此得罪當道，被冠上越權諫言之罪，貶爲江州
司馬。後累官至刑部尚書，於武宗會昌二年（西元八四二年）
致仕。

　　綜觀白居易生平可分爲三個階段：從出生到四十四歲貶
江州司馬前，是他一生中積極奮進、關心國是、正直敢言的
時期，此時創作以諷諭詩、「新樂府」爲主，內容因反映人
生，諷諭時事，詩風多清新平易。自四十四歲至五十六歲，
經歷了官場貶謫及朝廷的政治惡鬥，他抱定獨善其身的宗

---

[17] 見祝寬《獨立蒼茫自詠詩——詩聖杜甫》（臺北：萬卷樓圖書公司，
2000 年 1 月初版），頁 209。

旨，不與惡勢力妥協，其性情由感傷而漸趨閒靜。從五十六歲到去世隱居洛陽，篤信佛教，性情再轉為平淡，詩作亦以吟風弄月、怡情適性為主調。梁鑒江談到白居易的詩風提到：

> 概而言之，白居易之詩遠源於樂府、陶淵明，近師杜子美，追求直質、真切、平易、流暢的風格。講究言甘思苦，意深詞淺，語近情深，以俗求雅。[18]

白居易直質、真切、平易、流暢的詩風，也代表著他性格上的特質，這種性格特質源於家境的薰染，也受到陶淵明、杜甫的深切影響。

八、李　煜

　　李煜，初名從嘉，字重光，為南唐中主李璟之第六子，世稱李後主。宋太祖建隆二年（西元九六一年），中主病逝，即帝位於金陵，始更名為煜，時年二十五歲。後主酷愛文學，性好聲色，在位期間雖稱臣於宋，仍過著宴樂宮廷、沈迷聲色的生活。太祖開寶八年（西元九七五年），曹彬攻陷金陵，後主肉袒出降，被遣送汴京，開始他痛苦悲傷的軟禁生涯，時年四十歲。太宗太平興國二年（西元九七八年）七月七日，

---

[18] 見梁鑒江《白居易詩選》（臺北：遠流出版社，1988 年 7 月初版），頁 8。

後主與家人在賜第作樂慶生，後主感慨而作〈虞美人〉詞，
命歌妓歌之，聲聞於外，太宗聞之大怒，遂命人以「機牽」
之毒賜死，享年四十二歲。

後主性愛文學，專意經籍，展現其先天資質敏慧、溫柔
敦厚的特質。而自小深受宮廷華麗奢靡的風氣所染，不免千
金之子的貴氣。直至亡國後爲階下之虜，性情轉爲抑鬱，只
能運用歌詞抒發其精神上的極度痛苦。後主天生優柔的性
格，註定他是個失敗的帝王，而細膩多情的藝術天分，卻造
就了他在詞壇的盟主地位。王國維評李後主詞云：

> 詞至後主而眼界始大，感慨遂深，遂變伶工之詞而爲
> 士大夫之詞。[19]

蓋伶工之詞，以豔體媚嫵爲主調；士大夫之詞，以寄情抒懷
爲用心。王國維乃針對後主晚期的亡國之詞而發，這也是他
從柔媚之詞格轉爲悲壯之詞風的最佳註腳。

九、蘇　軾

蘇軾，字子瞻，號東坡居士。宋眉州眉山（今四川眉山
縣）人。自幼生長在書香世家，深受父親蘇洵放曠達觀的身
教熏染，及母親程氏明體識意的教誨，再以其天生聰穎超群

---

[19] 見《人間詞話》，卷一。

的資質，造就了蘇軾出類拔萃的才學與豪邁恢闊的性情。仁宗嘉祐二年（西元一〇五七年），蘇軾與其弟蘇轍同登進士第，在政治與文學上逐漸嶄露頭角。然因反對王安石之新法，再以其豪放不羈的性格而得罪群小，其一生在政壇上屢遭貶謫，神宗元豐二年（西元一〇七九年），因「烏臺詩案」貶為黃州團練副使安置；後得平返回京，累官至翰林學士、禮部尚書；至哲宗親政（紹聖元年，西元一〇九四年），又因新黨得勢，先後遭貶惠州、儋州，直到哲宗駕崩，才遇赦北還。徽宗建中元年（西元一一〇一年），蘇軾以疾病告老辭官，最後卒於常州，享年六十六歲。

　　蘇軾以超凡絕俗的才華、豪邁不羈的性格，面對人生驟起驟落的際遇，養成他特有超曠豁達的人生觀，也造就其清俊豪邁的人格特質。他對於文學的自信，曾自云：

> 吾文如萬斛泉湧，不擇地皆可出。在平地滔滔汨汨，雖一日千里無難及其與山石曲折，隨物賦形不可知也。所可知者，常行於所當行，常止於所不可不止，如是而已矣。其他雖吾亦不能知也。[20]

清人沈德潛在稱讚蘇軾也提到：

> 蘇子瞻胸有洪爐，金、銀、鉛、錫，皆歸鎔鑄。其筆之超曠，等於天馬脫羈，飛仙遊戲，窮極變幻，而適

---

[20] 見《文說·東坡題跋》卷一。

> 如意中所欲出。[21]

我們檢視蘇軾的出身、教養及一生不平凡的際遇，他有「行雲流水」般的寫作風格，有「鎔鑄洪爐」的胸襟學養，更有「筆力超曠」、「窮極變幻」的藝術風範，都是因於先天資質與後天熏染所成就的特殊風格。

十、黃庭堅

黃庭堅，字魯直，號涪翁，又號山谷道人。洪州分寧（今江西修水）人。父親黃庶爲仁宗時進士，行事剛正不阿，兼擅詩文，實爲江西宗派的先驅。黃庭堅自幼聰穎強記，學識廣博，就是受到父親家學的熏染。英宗治平四年（西元一〇六七年），赴禮部應試而登進士榜，先後歷任國子監教授、起居舍人等官職。哲宗紹聖年間，新黨得勢，旋即彈劾黃庭堅修《神宗實錄》扭曲史實，被貶爲涪州（今四川涪陵）別駕。至徽宗親政，蔡京當權，又出爲太平州知州，不久被免職，飄泊流寓於荊州、鄂州一帶，後以所作〈承天院塔記〉受摘句而羅織罪名，被誣幸災謗國，除名羈管於宜州（今廣西宜山），不久病逝，享年六十一歲。

由於政治上的殘酷打擊，黃庭堅只能遠離黨爭，專心於詩句的琢磨，遂開創了講求創新、追求奇險的「江西詩派」。

---

[21] 見《說詩晬語》（臺北：新文豐出版公司，1989 年臺一版），頁 329-357。

馮海榮說明黃庭堅詩的特色提到：

> 他作詩一方面取法杜甫，另一方面博采韓愈、孟郊、
> 白居易等人的技巧，在此基礎上，又刻意創新，自闢
> 門戶，強調要「以故為新」、「以腐朽為神奇」，做到「無
> 一字無來處」，「點鐵成金」，「奪胎換骨」，從而突破了
> 西崑體的桎梏，形成瘦硬老辣，新奇峭拔的藝術風格，
> 在宋詩浩瀚的詩海中標新立異，別具一格。[22]

「瘦硬老辣，新奇峭拔」成為江西詩派特有的藝術風格，這
源自於黃庭堅注重讀書，強調仿古的觀念，他堅持從古代詩
文中體會藝術的形式、經驗與文章的關鍵，無形中助長了形
式主義的創作風格。當然，黃庭堅並非完全忽視辭章的思想
內容，其詩作仍有許多體恤民情、抒解遭遇的主題，在「新
奇峭拔」的詩風之外，部分作品仍具有「質樸」、「憂鬱」的
特色。

十一、辛棄疾

　　辛棄疾，字幼安，號稼軒居士。高宗紹興十年（西元一
一四〇年）出生於濟南歷城（今山東省濟南市），此時宋室

---

[22] 見《古典文學三百題》（臺北：建宏出版社，1994 年 6 月初版），
頁 390。

南渡已逾十五年。幼年受祖父辛贊教養，熏染其強烈的愛國意識與民族情操，又親眼看見異族統治的氣焰，更激發他報國復國的志氣。紹興三十一年（西元一一六一年），辛棄疾年僅二十二歲，參加了耿京義軍的抗金行動，翌年，又率義軍歸附南宋。其後擔任南宋地方官職多年，又屢向朝廷陳述復國大計，可惜常被主和派打壓，屢次遭受黜退，曾隱居帶湖（今江西上饒）、鉛山瓢泉（今江西省鉛山縣西南）等地。終其一生，未能實現他滅金復宋的心願。

辛棄疾的詞呈現多樣的風貌，顧偉列針對他多樣的風格指出：

> 辛詞向以豪放著名，不僅題材廣泛，內容豐富，而且大多寫得悲壯激昂、豪邁奔放。……辛詞以豪放為主導，但又兼有清麗、飄逸、甚至纏綿嫵媚的風格。如〈唐河傳〉之穠纖似「花間體」，〈玉樓春〉之淺俗似「白樂天體」，〈醜奴兒〉之清新四「李清照」，〈念奴嬌〉之清暢似朱敦儒，這些自標學習他人風格的詞作，都於豪放之外另創風格，使辛詞呈現出多采多姿、不拘一格的風貌。[23]

綜觀辛棄疾的一生，他有豐富的戰鬥經歷與堅定的報國宏

---

[23] 見《古典文學三百題》（臺北：建宏出版社，1994 年 6 月初版），頁 608-609。

願，再以其過人的才識、膽略與豪氣，表現在詞中往往是壯闊的場面或飛動的形象，如此便容易營造出雄壯的氛圍；而其一生懷才不遇，壯志未酬，詞中往往是忿恨不平的情緒，則容易形成悲壯的風格；在他廢退山林期間，有機會接觸山林魚鳥，落實到詞作，則有清新閒淡之氣。辛詞多樣的風格來自於大時代的瞬息萬變以及他人生的起落頻繁，再加上他允文允武的才學，遂造就出多樣而不凡的氣格。

十二、陸　游

陸游，字務觀，號放翁。南宋越州山陰（今浙江紹興縣）人。欽宗靖康二年（西元一一二七年），陸游以三歲之齡遭逢靖康之變，隨父親流亡江淮，直到九歲才回到山陰故鄉。父親陸宰亦為愛國文士，常與同道談論家國淪喪之痛，陸游從小耳濡目染，二十歲就已立下「上馬狂擊胡，下馬草軍書」[24] 的雄心壯志。高宗紹興二十三年（西元一一五三年），陸游參加省試及禮部試，皆名列第一，然而暢言抗金復國，又得罪秦檜，竟遭黜落。至孝宗即位，因起用抗戰派，才有機會參與朝政，任樞密院編修，旋因力主北伐，遭投降派誣陷而免職。孝宗乾道六年（西元一一七○年），陸游入夔州（今四川奉節）任通判，後來因四川宣撫使王炎

---

[24] 見陸游〈觀大散關圖有感〉詩。

的賞識，轉任宣撫司檢法官，得襄贊軍務。這是他唯一可以
親臨抗金前線的機會，曾滿懷壯志而積極用事，後以王炎調
離川陝而希望落空。此後輾轉任職於朝廷和地方，雖屢遭貶
黜，終不改其恢復中原的壯志。光宗紹熙元年（西元一一九
〇年），陸游退居家鄉山陰，其後二十餘年未再出仕，至寧
宗嘉定二年（西元一二〇九）辭世，享年八十六歲。

關於陸游詩風的評價，陸應南根據其出身、學養評論曰：

> 陸游早年學詩於曾幾，最初從江西派入手，但摒棄了它
> 的奇險雕琢。他熟讀古代名家的作品，特別推崇屈原、
> 李白、杜甫、岑參這幾位詩人。他能吸收前人的優點而
> 又有新的創造，繼承發展了中國古典詩歌的優良傳統。
> 他的詩雄渾奔放，明快流暢，卓然大家，對後世產生了
> 深遠的影響。……在藝術風格和藝術技巧方面，無論試
> 煉字煉句，用典對仗，都能做到自然精切。[25]

陸游一生堅持著「王師北定中原」[26]的理想，卻與南宋現實
的政治環境格格不入，其積極用事、倡言恢復的愛國情操，
仍囿於現實而壯志難酬。表現於詩歌中，便充滿慷慨激昂、
悲憤抑鬱的氣格。而晚年深受自然山水的薰陶，再加上現實

---

[25] 見陸應南《陸游詩選》（臺北：遠流出版社，1988 年 7 月初版），
頁 9-10。
[26] 陸游臨終〈示兒〉詩云：「死去元知萬事空，但悲不見九州同。王
師北定中原日，家祭無忘告乃翁。」

世界的閱歷，詩中多了恬淡自然之風。陸游汲取屈原、李白、杜甫、岑參及江西詩派的精華，再以其不平遭遇所展現的人格氣質，所謂「雄渾奔放，明快流暢」的詩風，「自然精切」的藝術技巧，除了陸游天生的材質之外，更是來自於生平際遇與家學學養的陶鑄所致。

十三、朱　熹

　　朱熹，字元晦，號晦庵、晦翁，別號考亭、紫陽。祖籍婺源（今江西省婺源縣），出生於福建南劍（今福建省南平縣）。朱熹先世即以儒學爲家傳，父親朱松，專精《詩》學，並潛心研究二程理學，朱熹自小受家學熏染，再以他專注、喜思辨的性格，決定了他繼承傳統、啓發新學的學術方向。十四歲以後，相繼拜師於當時的儒學名流，如胡憲、劉勉之、劉子翬、李延平等人，啓迪了朱熹在傳統《易》學及《春秋》學的體悟，由於他勤讀力行，讀書更能從源頭體會，更奠定他一生學說的基礎。

　　高宗紹興十八年（西元一一四八年），朱熹年十九歲，中進士第，任職泉州同安縣主簿。在往後從仕的五十年中，或因主和派的掣軸，或因權奸小人的讒佞，他時而居家講學，時而外放州縣，無法在朝廷實現自己的政治理想。但朱熹堅持講學著述，對於南宋的學術教育亦多所貢獻，如孝宗淳熙初年，應呂東萊之邀，與陸象山論學於鵝湖，兩者雖無

共識，卻因此奠立朱熹在南宋理學界的地位；淳熙五年，治南康軍（在今江西省境），恢復廬山白鹿洞書院，並訂立「學規」，使學者有所從，影響當時教育甚距；所撰《周易本義》、《詩集傳》、《四書集注》等書，為當時學林所重，更影響明清以後的科舉及教育。朱熹的學養及德望名重當世，卻仍敵不過南宋「君子道消、小人道長」的政治環境，及至晚年，他所建立的「閩派」理學竟被指為「偽學」，繼而遭受「叛黨」之污名，備受打壓。朱子卻依然講學不輟，門生聚合追隨者眾，及至殂逝，眾人不顧朝廷威嚇，仍為其送葬者有千人之多。

朱熹的理學集北宋周、張、二程等學派而大成，尤其是二程的「洛學」，影響極大。其中又以程頤對朱熹的沾溉最深。蓋程頤主張「用敬」、「致知」，重在「存理」，這與程顥所主張的「養氣」略有不同，朱熹繼承伊川的思想，開出「居敬」、「窮理」，益以「讀書」，治學則重客觀、主歸納。所以，朱熹素有理學家「重道輕文」的文學觀，更主張多讀書、多窮理，養成其樸實治學的生命態度，轉化於辭章創作，其詩文多有平淡自然之風，哲理詩更富清新悠遠之逸趣。

十四、文天祥

文天祥，字宋瑞，一字履善，自號文山，南宋吉州吉水（今江西吉水縣）人。天祥六歲，見學宮祠堂所祭祀的同鄉

先賢歐陽脩、胡銓等人，即立誓死後同受後人享祀，展現其忠義的志節。年十九歲，入吉州白鷺州書院，服膺於程、朱之學，並鑽研朝章國故與天下大事。理宗寶祐四年（西元一二五六年），天祥二十歲，舉進士第，旋對策於集英殿，理宗親擢為第一。後累官至右丞相。恭帝德祐元年（西元一二七五年），元軍渡江，天祥召募義軍抗敵，並散盡家財以充軍費。次年正月，元軍包圍臨安，天祥奉命議和，卻遭拘留，後伺機逃歸。五月初，端宗在福州即位，改元景炎。天祥授右丞相、樞密使等職，並駐軍潮陽（今廣東潮陽縣），不久即被元將張弘範俘於五坡嶺（今廣東海風縣北端），初服毒自盡，未死，解送北方途中絕食八天，又未死。元世祖本將委以大任，文天祥堅辭不受，終遇害，享年僅四十七歲。

文天祥以一介文人投身抗元軍旅，終其一生不改報國之志，乃源於他儒者的家國責任與剛毅不屈的性格。其就義前所寫的衣帶贊云：

> 孔曰成仁，孟云取義；惟其義盡，所以仁至。讀聖賢書，所學何事？而今而後，庶幾無愧！

這不僅是文天祥死前心志的表明，更明示其寧死不屈的毅力，全來自於孔孟仁義精神的感召，這也成為文天祥一生所賴以安身立命的準則。我們評價其風格，可直言文天祥與浩然正氣同存，此「至大至剛」正是其氣格所在。

十五、關漢卿

　　關漢卿，自號已齋叟，大都（今北京市）人，生卒年不
詳。我們無法從生平來檢視關漢卿的性情與風格，只能從其
散曲作品略窺一二。在其〈不伏老〉的套曲中，曾經介紹自
己是「一個普天下郎君領袖，蓋世界浪子班頭，願朱顏不致
常依舊，花中消遣，酒內忘憂。分茶顛竹，打馬藏鬮，通五
音六律滑熟」的人，可見他為人豪爽卓俗、灑脫不羈，蔑視
世俗禮教，而且經常出入妓院酒肆，性情滑稽風趣，並精通
音律，凡吟詩、歌舞、琴簫、行獵、下棋、書法，無一不能，
是一個多才多藝，頗知風趣的知識份子。另一方面，其〈不
伏老〉又比喻自己是「蒸不爛、煮不熟、捶不扁、炒不爆、
響噹噹一粒銅豌豆」，來說明自己意志堅強、不受強力屈服
的性格。從他大量的劇曲作品中，許多都是揭發社會黑暗、
鞭笞現實惡人、反映下層生活的主題，由此亦知其從事藝術
創作的熱忱與決心。後人對於關漢卿曲學地位的評價很多，
如熊自得《析津志》云：

> 生而倜儻，博學能文，滑稽多智，蘊藉風流，為一時
> 之冠。[27]

王國維《宋元戲曲考》又說：

---

[27] 收錄於《永樂大典》，卷 4653 天字韻引。

> 關漢卿一空傍偉，自鑄偉詞，而其言曲盡人情，字字
> 本色，故當為元人第一。[28]

所謂「生而倜儻」乃從天生論其豪邁不羈的性格，而「博學
能文」反映了關漢卿深厚的學養，至於「滑稽多智，蘊藉風
流」實已涵蓋其整體的風格特質。王國維以「本色」評價其
曲學的地位，充分顯示其元曲「通俗豪放」的特色。

十六、白　樸

　　白樸，字仁甫，原籍隩州（今山西河曲縣），後遷居真
定（今河北正定縣）。生齡七歲，蒙古軍隊攻陷開封，金朝
滅亡。其父白華曾任金朝樞密判官，隨金主北渡黃河，白樸
遂與通家舊好元好問逃難，在轉徙流離之間，元好問親自授
讀，深受其潛移默化之影響，對於白樸日後學問養成有重要
的作用。及至壯年，曾漫遊大都（今北京）、順天（今河北
保定附近）、壽春（今安徽壽縣）、懷州（今河南沁陽縣）等
地，並開始創作雜劇。年近五十，始遊江南，一度滯留江州、
岳陽，後遷居建康（今南京市），過著優遊詩酒的生活。卒
年不詳。

　　白樸早年遭逢戰亂，因父親不事異族的訓誨，終生絕意

---

[28] 見《王國維戲曲論文集——宋元戲曲考及其他》（臺北：里仁書局，
1993 年 2 月初版），頁 91-92。

仕進。其懷才不遇的處境，轉化爲縱意詩酒、寄情山水的情
懷，成就了個人「玩世滑稽」[29]的性格與態度。其散曲作品
文辭醇雅，兼具疏放與俊爽之風，與當時的風俗迥然不同，
殆與其生平際遇相關。朱權《太和正音譜》評曰：

> 白仁甫之詞，如鵬摶九霄，風骨磊塊，詞源滂沛。若
> 大鵬之起北溟，奮翼凌乎九霄，有一舉萬里之志，宜
> 冠於首。[30]

白樸散曲在寫景上有清麗細膩的特色，其抒情筆調又深具流
暢之感，其嘆世亦能深刻體悟，動人心脾，朱權所謂「風骨
磊塊，詞源滂沛」，殆與其際遇、學養所造就的氣格相合。

十七、馬致遠

馬致遠，號東籬，元大都（今北京市）人。生卒年不詳，
故僅能從前人述評知其生平與性格之梗概。朱權《太和正音
譜》將馬致遠列爲元曲作家之首，其評曰：

> 馬東籬之詞，如朝陽鳴鳳。其詞典雅清麗，可與〈靈
> 光〉、〈景福〉兩相頡頏，有振鬣長鳴，萬馬皆瘖之意。

---

[29] 見明‧孫大雅《天籟集‧序》。
[30] 見《中國古典戲曲叢書集成》（中國戲曲研究院主編，北京：中國
　　戲劇出版社，1980 年 2 月第 1 版），頁 16。

又若神鳳飛鳴於九霄，豈可與凡鳥共語哉？宜列群英之上。[31]

其言「朝陽鳴鳳」蓋譽其曲風生氣蓬勃，具雄放之姿，而「典雅清麗」又是馬致遠另一風格表現。賴橋本評馬致遠曲風亦云：

> 致遠一生懷才不遇，致半生蹉跎，最後且投老林泉，故其題材中有不少「嘆世」之作，悲慨萬端，辭氣豪放，故後人多以其為元人散曲豪放派之領袖。其實致遠作品不拘一格，超逸雄爽固不少，閒適恬靜、典雅清麗之作亦所在多有，其題材更是廣泛，直如詞中之東坡，無事不可言，無意不可入。[32]

此言「作品不拘一格」，除「超逸雄爽」之外，馬致遠的曲風也兼有「閒適恬靜」、「典雅清麗」的特色，此二家所評不謀而合，也概略描繪出馬氏多元性格的輪廓。

十八、徐志摩

徐志摩，名章垿，字又申。清光緒二十二年（西元一八

---

[31] 同註 30。
[32] 見《新譯元曲三百首》（臺北：三民書局，1998 年 9 月再版），頁170。

九六年）出生於浙江省硤石鎮。父親徐申如爲當地富商，所
以志摩從小生活優渥，可以接受完整的教育。五歲即入家塾
接受孫蔭軒啓蒙，十五歲入杭州府中學堂（後爲浙江省第一
中學），民國四年，中學畢業，即考取北京大學預科。不久，
與張幼儀結婚，至民國六年重回北大讀書，師事梁啓超。民
國七年夏天，志摩遠赴美國克拉克大學攻讀歷史，隔年又轉
入哥倫比亞大學經濟系攻讀碩士。取得碩士學位之後，爲了
追隨哲學家羅素，他橫渡大西洋來到英國，可惜羅素轉赴中
國講學，志摩於是轉入倫敦政經學院，直到民國十年春天，
才改入劍橋大學，十一年八月啓程回國。志摩在英國兩年期
間並未真正攻讀學位，也未從事任何創作，但是接收了康橋
文化的洗禮，成就了後來的詩人氣質，比起浙江硤石，康橋
更是徐志摩一生眷戀的真正故鄉。在他的〈吸煙與文化〉一
文中曾經提到：

> 我不敢說受了康橋的洗禮，一個人就會變氣息，脫凡
> 胎。我敢說的是——就我個人說，我的眼是康橋教我
> 睜的，我的求知慾是是康橋給我撥動的，我的自我意
> 識是康橋給我胚胎。[33]

由此可知康橋對於他的影響頗大，志摩生命中兼有理性與浪

---

[33] 見《徐志摩全集》（臺南：世一文化公司，2001 年 9 月修訂二版），
頁 178-186。

漫的特質，並有強烈的個人主義色彩，可說是在康橋期間開始萌芽茁壯的。

　　徐志摩回國後的文學活動相當活躍，民國十二年與文壇著名詩人共同創立「新月詩社」；十三年，泰戈爾詩人訪華，志摩擔任翻譯，捲起詩壇旋風，並造成小詩的流行；十五年，因擔任北京晨報副刊主編，與聞一多、朱湘等人致力於新詩的格律化，形成「格律詩派」；二十年又創辦《新月詩刊》，成為三〇年代初期重要的新詩刊物。在文學創作方面，徐志摩也是文壇重要的詩人兼散文家，堪稱是浪漫與抒情的典型，所作詩歌充滿對真、善、美的執著，一直影響著現代詩壇。梁實秋在《談徐志摩》一書中提到徐志摩的為人，他說：

> 必其人本身充實，有豐富的感情，有活潑的頭腦，有敏銳的機智，有廣泛的興趣，有洋溢的生氣，然後才能容光煥發，腳步矯健，然後才能引起別人的一團高興。志摩在這一方面可以說是得天獨厚。

這裡將徐志摩的性格與為人描述得淋漓盡致，這是他活躍的行動力與多采多姿的生命經驗，造就了如此得天獨厚的性格風采。在他短短的三十六歲生命中，其感動讀者、啟發後進的影響力卻是極為深遠。

十九、楊　喚

　　楊喚，本名楊森。遼寧省興城縣人。民國十九年（西元一九三〇年）生於遼寧。那是「僞滿州國」的時代，他接受兩年初級農業職業學校的教育，以及抗戰勝利後續讀一年畢業，就完全與學校絕緣。民國三十六年，南下青島任職《青報》的校對工作，隔年即升任副刊編輯，此時他未滿二十歲，卻逐漸嶄露頭角，在當地的報刊上發表詩作，並出版了第一本詩集。不久，《青報》因戰火而解散，楊喚輾轉來到廈門，隨即投身軍旅，在軍中的電影隊任上兵文書。民國三十八年隨部隊來臺，升任陸軍上士文書，軍階低微，卻能以純真的心和文學的熱忱去改變生命的悲苦，成就不少動人的詩篇。民國四十二年（西元一九五四年），因車禍猝逝於臺北，得年二十四歲。

　　楊喚有一個悲苦悽慘的童年，所以對於童年的嚮往，也常常寄以美麗的幻想。這促使他在童詩及童話的創作上，有了絕大的成就。覃子豪論楊喚的詩曾說：

　　　　最值得讚美的，應該是楊喚作品中優美的風格罷。他
　　　　表現思想，而不故弄玄虛；表現意識，而不流於枯燥
　　　　無味的說教；他表現戰鬥情緒，不是迎合，是自己心
　　　　靈的需要。他的詩，格調新鮮，但不歐化；音節諧和，
　　　　但不陳舊。其形象生動，比喻深刻……形象和比喻，

> 就是詩人楊喚天才的表現，令讀者驚嘆。[34]

就楊喚所作的抒情詩與而童詩而言，確實富有這些特色。他以短短不到二十五年的生命，卻創造了影響半世紀以來兒童文學發展的不朽詩篇。曾是楊喚的摯友，也是著名詩人歸人在追憶楊喚猝逝的情景說到：

> 與其說火車的巨輪，奪走了他年輕的生命，不如說是偉大的詩神。在楊喚追求超越的靈魂中，讓他不得享有天年吧！他貧困、簡陋的生活，由生迄死，最好以「一生若寄，一貧如洗」形容。[35]

歸人以為當年一場火車意外奪走了楊喚的生命，其實應有「自殺」的跡象。我們姑且不去察知真假，卻可以看到楊喚身為飄泊、貧困的詩人所該有的宿命。或許歸人所云「一生若寄，一貧如洗」的評價過於黯淡悲戚，我們卻必須相信，楊喚短短的二十四年生命，因其文學和詩而變得永垂不朽。

二十、鄭愁予

---

[34] 見覃子豪〈論楊喚的詩〉，收錄於《楊喚詩集》（臺北：洪範書店，2005 年 8 月初版），頁 177-182。

[35] 見歸人〈一生若寄、一貧如洗——半世紀後憶故人楊喚及其零下四十度詩〉，收錄於《楊喚詩集》（臺北：洪範書店，2005 年 8 月初版），頁 1-4。

　　鄭愁予，本名鄭文韜，河北省寧河縣人，先人和祖父都是清朝世襲的官吏，父親鄭曉嵐是職業軍人，所以早年隨父親轉戰南北，鄭愁予在江南、湘、貴、黔及北平等地，甚至是接近邊塞的鄉下小村，都曾經留下童年的記憶和足跡。這種四處遷徙的成長背景，使他從小就喜歡流浪，並且可以在流浪生活中尋找到樂趣和生命的意義。鄭愁予早期詩作的浪漫情懷及「浪子意識」就是從這裡得到滋潤。十六歲遷徙來臺後，大量創作詩歌，且能鎔鑄古典於現代之中，並延續他一貫輕靈柔美的筆調與浪漫的情懷。五〇年代曾一度擱筆，直至六十八年重拾翰墨，因個人生命的閱歷，其詩作風格轉趨沈靜，展現另一種知性、圓融的美感。現代詩壇對於鄭愁予的評價很高，如楊牧評鄭愁予提到：

　　　　鄭愁予是中國的中國詩人，用良好的中國文字寫作，
　　　　形象準確，聲籟華美，而且是絕對地現代的。……對
　　　　中國現代詩的發展史來說，愁予造成的騷動和影響是
　　　　鉅大的，不可磨滅的。[36]

痙弦也曾經說：

　　　　鄭愁予的名字是寫在雲上的，他那飄逸而又矜持的韻
　　　　致，夢幻而又明麗的詩想，溫柔的旋律，纏綿的節奏，

---

[36] 節錄自楊牧〈鄭愁予傳奇〉，收錄於《鄭愁予詩集》（臺北：志文出版社，1997 年 2 月初版），頁 1-4。

與貴族的、東方風的、淡淡的哀愁的調子，這一切造
成一種魅力，一種雲一般的魅力；這一切造成一種影
響，一種巨大不可抗拒的影響；這一切造成我們這個
詩壇的「美麗的騷動」。[37]

楊牧所謂「形象準確，聲籟華美」，點出了他在文字運用上
的純熟能力；而瘂弦稱讚他「飄逸矜持」、「夢幻明麗」，又
說他的詩作展現「貴族」、「東方風」及「淡淡的哀愁」，幾
乎是其浪漫性格的投射，他在詩壇所引起的「美麗的騷動」，
依舊在餘波盪漾著。

第三節　結合辭章風格與作家風格的教學

　　風格的鑑賞雖然以辭章本體為主要考察對象，其外圍條
件的影響，也是不可忽視的因素。影響辭章風格的外圍因
素，以作家風格為主，並旁及作家所處的時代、地域、流派
等因素。

一、辭章風格與作家風格的關係

　　辭章是作家在某一時空之思想與情感的具體表現。它包

---

[37] 見瘂弦《六○年代詩選序》（臺北：大業書局，1974 年 1 月初版），
　　頁 2。

含了作家的器識、情感、意志等元素。劉雨在論述文學作品
與作家的關係提到：

> 當我們從作家的本體角度，對文學作品的產生過程進
> 行一番深入的考察之後，往往會得出這樣一個基本的
> 結論，即：文學是作家經驗的反映，它是作家經驗的
> 一種獨特的變形。這意味著，對於任何一位作家來說，
> 他的作品反映的不是生活的全部，而是進入作家主觀
> 世界中的那一部分經過改造與變形的生活經驗。[38]

其所謂「文學是作家經驗的反映」、「作家經驗的一種獨特的
變形」，已經具體說明，文學是經由作家獨特的生命經驗，
透過其主觀的改造與變形，成爲異於客觀自然物的藝術品。
而風格是辭章的主導力量，其偏剛、偏柔或剛柔互濟的形
態，也是取決於作家生命經驗的反映。具體而言，作家憑藉
其獨特的器識或眼力，在某一時空經由情感或意志的作用，
選擇某一種文學表現形式，及適當的材料意象，組織成一篇
完整的文學作品，此作品因文體、主題、材料意象的不同，
遂營造出不同的風格。由此可知，作家風格對於辭章風格而
言，具有絕對的根源性，是辭章風格鑑賞中不可忽視的重要
因素。

---

[38] 見劉雨《寫作心理學》（高雄：麗文文化公司，1995 年 3 月初版），
頁 281。

二、引介作家風格的實際教學

　　既已瞭解辭章風格與作家風格的關係，我們在引導學生鑑賞辭章之際，就必須將作家的基本特質作一簡介，以凸顯其獨特的風格。在教學步驟上，首先介紹作家生平，從其生平際遇梳理作家天生的材質與氣性，以及足以影響其後天學養、習染的家庭環境、時代背景、風俗文化與生活經歷等因素，歸納出作家因才、氣、學、習所形成的器識，以見其基本的寫作風格。當然，適度引用後人對於作家的述評，一方面可以印證自己的歸納所得，另一方面也讓學生可以對於作家風格的掌握更爲確定。

　　引介作家風格是辭章風格教學中不可缺少的程序，引介作家風格是辭章風格教學中不可缺少的程序，這是我們在分析辭章風格時的重要佐證，也讓學生在鑑賞辭章時，體會作家風格分析的重要性。

結　語

　　作家風格來自於先天之才氣與後天之學習的融合，其融合成獨特的器識與眼力，直接影相辭章風格的呈現。根據這種脈絡，我們重新檢視歷代作家之風格，得到了更新的體認。這些作家風格的述評，將是辭章風格研究的重要參考。我們在從事風格教學時，當然不可忽略作家生平及其特質的

探索，而應該結合作家風格與辭章風格，以建立學生正確的
鑑賞態度。

第四章

辭章風格的實際教學

　　我們建構了辭章風格教學的理論，也瞭解辭章風格與作家風格之間的關係，就能進一步探討辭章風格的實際教學。本章著重於學生審視辭章風格之基本能力的訓練。首先依據風格的理論基礎，提出檢視原則；並分風格類型為三種，舉中學詩歌教材為例，進行辭章風格的實際分析；最後提出教學上的具體作法，以確立風格教學的步驟。

第一節　辭章風格的檢視原則

　　雖然章法風格與辭章風格非常接近，我們在建構辭章風格的檢視原則時，仍不能侷限於章法風格的分析。畢竟辭章風格是一整體風貌的展現，必須兼顧辭章的個別重要領域，才能具體而完整地呈現辭章的風格與美感。所以我們歸納下列三點論述，作為檢視辭章風格的原則：

一、以意象、修辭提煉辭章風格的形象質素

　　辭章的形象思維主要包含了「意象」（個別）、「詞彙」與「修辭」等範疇，我們可以透過這三種學科領域，掌握局部辭章風格的形象質素。

　　就意象而言，「意象」是透過物象（包含景、事）以形成情意（包含情、理），既可以形成情意，更可能產生感染激發的力量。而辭章意象的形成又藉由詞彙表現出它的原型意義，所以搜尋辭章中重要詞彙所指稱的意象，進而確定此材料意象偏於主觀的感染力，就可大略掌握個別意象所形成的風格。例如：

　　　　蒹葭蒼蒼，白露為霜，所謂伊人，在水一方。（〈蒹葭〉）

其中「蒹葭蒼蒼，白露爲霜」是指「染霜露的蘆葦花」，如此意象應是深秋河邊的景致，具體而言，應是深秋河邊一片染霜露的蘆葦花叢。這種景致呈現在北方的黃河流域，更令人有「蒼茫蕭瑟」之感，而這「蒼茫蕭瑟」就是此一材料的意象風格。又如：

　　　　亂石崩雲，驚濤裂岸，捲起千堆雪。（〈念奴嬌〉）

是指赤壁之下「波濤洶湧、拍岸驚石，激起浪花水氣」的景象。這種景象出現在遼闊的長江江面，容易產生「雄偉壯闊」的感覺，而「雄偉壯闊」就是此一材料的意象風格。

　　就修辭而言，是利用特殊的文學技巧，針對材料意象進一步修飾或調整，使其更具藝術的美感。既有藝術的美感，

就能形成風格，而每一種修辭技巧所產生的風格亦不相同。
例如：

> 在齊太史簡，在晉董狐筆，在秦張良椎，在漢蘇武節；
> 為嚴將軍頭，為嵇侍中血，為張睢陽齒，為顏常山舌；
> 或為遼東帽，清操厲冰雪；或為出師表，鬼神泣壯烈；
> 或為渡江楫，慷慨吞胡羯；或為擊賊笏，逆豎頭破裂。
> （〈正氣歌〉）

其舉用歷史十二哲人，以印證「正氣」的存在。作者運用了
三種排比句型，不僅形成語句之間的聯貫，更造成一種磅礡
的氣勢，使「正氣」透過排比修辭的設計更能沁人心脾，而
這「磅礡」的氣勢，就是這些材料透過排比技巧所形成的修
辭風格。又如：

> 青青河畔草，綿綿思遠道。遠道不可思，夙昔夢見之。
> 夢見在我旁，忽覺在他鄉。他鄉各異縣，展轉不可見。
> （〈飲馬長城窟行〉）

這裡所運用的材料包括「河畔之草」、「遠道之情人」、「相思
者」及「夢境」等。作者運用「頂針」的技巧將這些材料所
產生的意象巧妙地串聯起來，讓這種思念之情產生綿延不絕
的效果，而結合這種情意，更能感受到「纏綿悱惻」的愛情。
由此可見頂針技巧在串聯這些材料意象所產生之「纏綿悱
惻」的修辭風格。

　　意象（含詞匯）與修辭讓我們瞭解到辭章風格局部的內在質素，這些形象性的內在質素，對於檢視整體辭章風格有極大的幫助，從形象思維切入來探討辭章局部的風格，在教學上比較容易被學生接納，也是我們檢視辭章風格必須先注意的原則。

二、以文法、章法梳理辭章風格的客觀條理

　　辭章的邏輯思維主要包括「文法」與「章法」等範疇，我們可以藉由文法、章法來梳理辭章風格的客觀條理。

　　就文法而言，「文法」是探討語句中意象與意象的邏輯關係。其中語的邏輯關係可形成「並列結構」，如：

　　「蝴蝶和蜜蜂」帶著花朵的蜜糖回家了。(〈夏夜〉)

「蝴蝶」、「蜜蜂」為並列關係；又「主從結構」，如：

　　蝴蝶和蜜蜂帶著「花朵的蜜糖」回家了。(〈夏夜〉)

「花朵」、「蜜糖」為主從關係；又「造句結構」，如：

　　唯見「長江天際流」。(〈黃鶴樓送孟浩然之廣陵〉)

「長江」、「天際流」為主語、謂語關係。

至於句子的邏輯關係可形成「敘事句」[1]，如：

　故人具雞黍（〈過故人莊〉）

其中「故人」為主語，「具」為述語，「雞黍」為賓語，構成「主語＋述語＋賓語」的句型結構。又可形成「有無句」[2]，如：

　秦氏有好女，自名為羅敷。（〈陌上桑〉）

其中「秦氏」為主語，「好女」為賓語，構成「主語＋有＋賓語」的結構句型。又可形成「表態句」[3]，如：

　門前冷落車馬稀（〈琵琶行〉）

其中「門前」為主語，「冷落」、「車馬稀」皆為修飾用的表語，構成「主語＋表語」的結構句型。又可形成「判斷句」[4]，如：

　我不是歸人，是個過客。（〈錯誤〉）

---

[1] 敘事句又稱敘述句，敘述的大約都是行為或事件。它的主語往往是行為或事件的主事者。參見楊如雪《文法 ABC》（臺北：萬卷樓圖書公司，1998 年 9 月初版），頁 90。

[2] 有無句的句型和帶有賓語的敘事句很類似，句子成分的名稱也相同，只是它的述語是「有」或「無」字。同註 1，頁 94。

[3] 表態句是對人、事、物在性質、狀態方面作描寫的句子，所以也叫描寫句。被描寫的對象是「主語」，謂語的中心成分叫「表語」。同註 1，頁 98。

[4] 凡是對事物的屬性、內涵給予解事、說明，或對事物作一事飛、異同的判斷的句子就是判斷句。同註 1，頁 101。

這兩句分別爲否定義與肯定義的判斷句,其中「我」爲主語,「不是」、「是」爲繫詞,「歸人」、「過客」各爲賓語,構成「主語+繫詞+賓語」的結構句型。

一般而言,構成「並列結構」的詞語,其對比性較強,容易形成陽剛的風格;而構成「主從結構」的詞語,其調和性較強,容易形成陰柔的風格。在句子方面,「敘述句」和「有無句」是純粹敘事的句子,通常偏於客觀的描述,語氣可能較爲平淡;而「表態句」和「判斷句」則可能形成偏於主觀表述或判斷的句子,語氣可能隨著描述者的情感而有所起伏,容易形成多樣的風格。從整體辭章風格的角度來看,文法結構屬於語句層次的邏輯,其分析較爲瑣細,所形成的文法風格對於辭章風格的影響也較爲有限。所以我們梳理辭章風格的內在條理時,文法風格只是參考的條件,其整體的內在律動仍須透過章法風格的分析才能確實掌握。

就章法而言,章法結構的「移位」、「轉位」作用,決定了辭章之節奏韻律的趨向及強弱。我們必須檢視結構中每一結構單元的陰陽質性,再推演其順向移位、逆向移位或轉位所造成的向陰或向陽的動勢,尤其核心結構的陰陽動勢,更是決定辭章偏於陽剛或陰柔的關鍵。以王之渙的〈登鸛雀樓〉爲例,其詩云:

白日依山盡,黃河入海流,欲窮千里目,更上一層樓。

詩的首句描寫山景,次句描寫河景,兩句詩是針對所見實景

而寫；第三句轉入抽象的思維，以「欲窮千里目」帶出末句抽象的人生哲理。根據詩的內容及其內在條理，分析結構表如下：

```
        ┌具（陽）┬ 山（陰）：「白日依山盡」
        │        └ 水（陽）：「黃河入海流」
        └泛（陰）：「欲窮千里目」二句
```

結構表分為底層和上層。底層是「陰→陽」的順向移位，其帶出的陽剛之勢，正是壯闊的山河之景的內在條理。上層是核心結構，其「陽→陰」的逆向移位帶出較強的陰柔之勢，原本這陰柔之勢可以決定此詩偏於陰柔的風格，而底層壯闊之景的陽剛之氣仍強，遂與陰柔之勢調和，形成整首詩趨於「剛柔相濟」的風格趨向。

　　章法風格雖不能代表辭章風格的全貌，但其確定辭章陽剛或陰柔的內在律動，可以視為辭章風格的主調，是我們梳理風格之內在條理最重要的參考。

三、結合主旨，完成兼顧形象與邏輯的風格述評

　　在辭章學的領域中，「主旨（主題）」是指辭章最核心的情理，即中心思想。若從多、二、一（０）的角度來看，「意象」、「詞匯」、「修辭」、「文法」、「章法」是「多」，「形象思維」與「邏輯思維」是「二」，而主旨為「一」，風格則屬抽

象的「0」。[5] 所以，我們想要探討辭章風格（0），除了分析各種局部風格之外，仍必須結合主旨（一），才能見出風格的全貌。以杜甫的〈聞官軍收河南河北〉為例，其詩云：

> 劍外忽傳收薊北，初聞涕淚滿衣裳。卻看妻子愁何在？漫卷詩書喜欲狂。白日放歌須縱酒，青春作伴好還鄉。即從巴峽穿巫峽，便下襄陽向洛陽。

這首詩是杜甫描寫在四川聽聞唐朝官軍收復河南河北時的心情。從詩的內容及其內在條理，可繪出結構表如下：

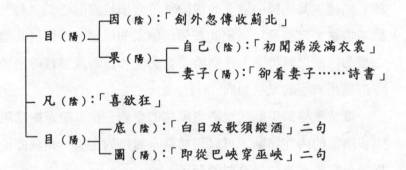

在材料運用方面，「涕淚滿衣裳」、「喜欲狂」、「放歌縱酒」皆為欣喜奔放的意象，而作者又透過「示現」技巧，寫出「巴峽」、「巫峽」、「襄陽」、「洛陽」的時空懸想，更強化了瀟灑奔放之感。從章法結構來看，底層與次層結構皆為「陰→陽」

---

[5] 參見陳滿銘〈意象與辭章〉（收錄於《修辭論叢》第六輯，臺北：洪葉出版公司，2004 年 11 月），頁 351。

的順向移位，產生明顯的陽剛之氣，上層爲核心結構，其趨於陽剛的轉位作用，將整首詩的陽剛之氣帶到高點，可知這首詩的章法風格是「剛中寓柔」的形式。另從「目→凡→目」的結構可以清楚認知，全詩的主旨落在「凡」的部分，即「喜欲狂」就是作者所要抒發的核心情意，這種情意是一種激烈奔放的喜悅，直抒作者胸臆而不含蓄做作，幾乎與其章法風格「剛中寓柔」的基調完全契合。綜上所述，這首詩在「剛中寓柔」的基本格調上，呈現的是「激動奔放」的風格。

　　從意象與修辭提煉辭章風格的形象質素，進一步從文法與章法中分析辭章風格的客觀條理，最後結合主旨所呈現的主題風格，我們從這三個步驟，建構了兼具形象思維與邏輯思維的辭章風格檢視原則，我們將以這個原則進行對辭章風格的實際分析。

第二節　　辭章風格的類型及其分析實例

　　在第二章「辭章風格的理論基礎」中，我們曾建議以「章法風格」爲主導的檢視規律。所以進行辭章風格的實例分析，可將辭章及其風格類型分爲「剛中寓柔」、「柔中寓剛」與「剛柔相濟」三種，以作爲研究分析的基礎。我們選取目前一綱多本的中學詩歌教材（含國中、高中的古典詩、詞、曲及現代詩）近三十首，作爲辭章風格實例分析的文本，並以上述所建構的檢視原則爲基礎，期能使每一首詩歌的風格

皆有條理可循，才能落實於訓練學生審視風格的基本能力。

一、屬「剛中寓柔」的風格

所謂「剛中寓柔」的風格，是指辭章風格中「陽剛之氣」的成分多於「陰柔之氣」，形成辭章「陽剛外顯而陰柔內蘊」的風格形態。在中學詩歌教材中，屬於這種風格形態者，如《詩經・蓼莪》、杜甫〈聞官軍收河南河北〉、白居易〈琵琶行〉、李煜〈浪淘沙〉、蘇軾〈念奴嬌〉、馬致遠〈天淨沙〉、關漢卿〈大德歌〉、白樸〈沈醉東風〉及楊喚〈夏夜〉等，試根據章法風格「剛中寓柔」的基調，分析其風格如下。

（一）蓼莪

原文

蓼蓼者莪，匪莪伊蒿，哀哀父母，生我劬勞。

蓼蓼者莪，匪莪伊蔚，哀哀父母，生我勞瘁。

缾之罄矣，維罍之恥，鮮民之生，不如死之久矣！

無父何怙？無母何恃？出則銜恤，入則靡至。

父兮生我，母兮鞠我，拊我畜我，長我育我，

顧我復我，出入腹我。欲報之德，昊天罔極。

南山烈烈，飄風發發。民莫不穀，我獨何害？

南山律律，飄風弗弗。民莫不穀，我獨不卒！

結構分析表

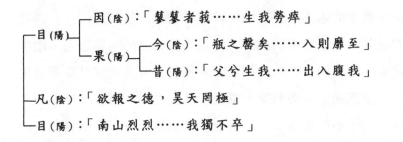

風格賞析

　　這首詩主要在抒寫人子悼念父母的傷痛。在材料意象的表現方面，作者運用譬喻之法，以代表美材之「莪」及代表庸材之「蒿」、「蔚」，表達自己平凡無所成而使父母蒙羞的憾恨；以缾、罍比喻自己與父母的關係，表達無法終養父母的懊悔。這些譬喻雖有含蓄之感，卻能令人體會到人子的懊悔與傷痛。又透過排比、類疊的技巧，如「父兮生我，母兮掬我，拊我畜我，長我育我，顧我復我，出入腹我」，將父母的養育之恩擴大如江海之勢，令人動容。此外，「南山」的宏偉，足以象徵父母親恩之偉大；「飄風」的淒厲又可隱括人子傷痛之淒絕，這些透過聯想而產生的象徵，亦充滿激烈的情感。

　　在章法風格的條理方面，結構表底層的「今（陰）→昔（陽）」結構形成「陰→陽」的順向移位，產生陽剛之氣：次層的「因→果」結構亦為順向移位，其陽剛之氣又增；上層的「目（陽）→凡（陰）→目（陽）」為核心結構，其轉位作用所產生的陽剛之氣更強。綜理結構表的陰陽比例，其陽剛的成分遠多於陰柔的成分，使這首詩的風格明顯趨向「剛中寓柔」的形態。在此基調之上，我們結合其個別意象所產生的「淒惻悲愴」的氛圍，以及「欲報之德，昊天罔極」所傳達「人子不得終養父母之傷痛」的主旨，可以明顯見出全詩陽剛之氣的律動。徐定祥分析此詩云：

> 全詩起落跌宕，波瀾迭起，迴旋往復，前後呼應，把孤子的哀思表達得委屈盡情，感人至深。……在遣詞造句上，不僅連用九個「我」字，令人驚心動魄，疊字的安排，亦頗具匠心。……如「烈烈」、「發發」、「律律」、「弗弗」四個入聲字連續疊用，皆能聲色傳情，強化了全詩淒惻悲愴的氛圍。[6]

其言「驚心動魄」、「淒惻悲愴」雖僅就個別意象的表現而論，卻可作為此詩風格形象述評重要參考。而顏瑞芳從整體角度切入，認為：

---

[6] 見《詩經鑑賞辭典》（合肥：安徽文藝出版社，1992 年 3 月第 1 版二刷），頁 536。

　　全詩雖多處運用比興，但由於直抒真情，不假虛飾，因
　　而表現出沈鬱凝重的風格。[7]

整體而言，上述「驚心動魄」、「沈鬱凝重」的感染力量是外
顯的，而「淒惻悲愴」則內蘊於詩情之中，這正是章法風格
之「剛中寓柔」的形態。

（二）木蘭詩

原文

　　　　唧唧復唧唧，木蘭當戶織。不聞機杼聲，惟聞女
嘆息。問女何所思？問女何所憶？「女亦無所思，女
亦無所憶。昨夜見軍帖，可汗大點兵；軍書十二卷，
卷卷有爺名。阿爺無大兒，木蘭無長兄，願為市鞍馬，
從此替爺征。」東市買駿馬，西市買鞍韉，南市買轡
頭，北市買長鞭。朝辭爺娘去，暮宿黃河邊；不聞爺
娘喚女聲，但聞黃河流水鳴濺濺。旦辭黃河去，暮至
黑山頭，不聞爺娘喚女聲，但聞燕山胡騎聲啾啾。萬
里赴戎機，關山度若飛，朔氣傳金柝，寒光照鐵衣。
將軍百戰死，壯士十年歸。歸來見天子，天子坐明堂。

---

[7] 見顏瑞芳、溫光華《風格縱橫談》（臺北：萬卷樓，2003 年 2 月初
　版），頁 61。

策勳十二轉，賞賜百千強。可汗問所欲，「木蘭不用
尚書郎，願借明駝千里足，送兒還故鄉。」爺娘聞女
來，出郭相扶將。阿姊聞妹來，當戶理紅妝。小弟聞
姊來，磨刀霍霍向豬羊。開我東閣門，坐我西閣床。
脫我戰時袍，著我舊時裳。當窗理雲鬢，對鏡貼花黃。
出門看火伴，火伴皆驚惶：「同行十二年，不知木蘭
是女郎。」雄兔腳撲朔，雌兔眼迷離，兩兔傍地走，
安能辨我是雄雌？

結構分析表

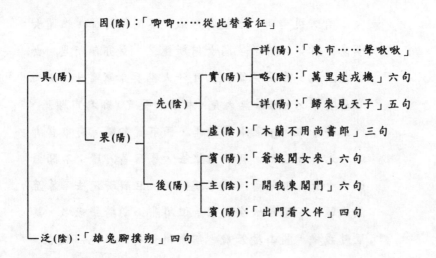

風格賞析

　　這是一首北朝民歌，詩中「木蘭」並非真有其人，主要

是藉由木蘭代父從軍的故事，來表現北方民族積極樂觀的精神及男女平等的觀念。從材料意象的運用來看，詩的開頭即化用北地〈折楊柳枝歌〉[8]的寫作形式，帶出主角木蘭心中「軍帖催促，家無兄長」的擔憂，營造此段抑鬱之感。接著，描寫木蘭辭別爺娘到達戰地，其「東市買駿馬」四句及「不聞爺娘喚女聲」六句，充分運用民歌重疊朗唱的技巧，節奏強烈而情緒激昂，而「黃河流水鳴濺濺」、「燕山胡騎聲啾啾」的意象運用，烘托出木蘭此時悲悽孤寂的心境。再者，描寫戰地生活，「萬里赴戎機」六句應是文人潤飾之筆，這裡用略筆描繪十年的軍旅生涯，其表現時光流轉的快速，充滿節奏流暢之美。而接著描述凱旋歸朝，受天子賞賜，木蘭卻毅然辭謝，表達歸鄉意願，其企盼喜悅之情躍然紙上。最後描述木蘭回鄉、家人歡聚及火伴驚見其女兒之身的種種情狀，表現的是溫馨滿足的氛圍。詩的結語以歌者的口吻爲此詩評論，有讚嘆之意，也隱含北方民間對於男女平等的觀念的肯定。

從結構表的陰陽動勢來看，底層「詳（陽）→略（陰）→詳（陽）」結構的轉位作用，帶出明顯的陽剛之勢。四層的「實（陽）→虛（陰）」結構爲逆向移位，其勢趨於陰柔；而「賓（陽）→主（陰）→賓（陽）」結構則爲轉位作用，

---

[8] 〈折楊柳枝〉：「敕敕何力力，女子臨窗織，不聞機杼聲，只聞女嘆息。問女何所思？問女何所憶？阿婆許嫁女，今年無消息。」

其陽剛之勢遠大於同層的陰柔之勢。三層的「先（陰）→後
（陽）」結為順向移位，其勢趨於陽剛。次層的「因（陰）
→果（陽）」結構又是順向移位，其勢亦趨於陽剛。上層的
「具（陽）→泛（陰）」結構為逆向結構，其陰柔之勢因前
四層陽剛之勢的抵消而減弱，形成全詩「剛中寓柔」的風格
形態。傅錫壬論此詩之風格提到：

> 全詩刻畫人物處豪爽明朗，描寫佔地時壯闊勇猛，十
> 足表現了北方民族的性格，與代表南方詩歌的〈孔雀
> 東南飛〉情趣迥然不同。[9]

從其意象呈現的風格如「豪爽明朗」、「壯闊勇猛」皆為陽剛
之屬，再加上主旨所呈現的樂觀進取的精神，此詩「剛中寓
柔」的形態應可確定。但是其部分傳達「抑鬱」、「悲悽」之
情感，及結語四句所表現的「含蓄」之理，亦為陰柔之氣的
展現。這是北朝民歌的「豪邁粗獷」，受文人潤飾之後，又
多了「浪漫柔媚」的成分所致。

（三）聞官軍收河南河北

原文

---

[9] 見傅錫壬《歷代樂府詩選析》（臺北：五南圖書公司，1988 年 5 月
初版），頁 339。

　　　　劍外忽傳收薊北，初聞涕淚滿衣裳。

　　　　卻看妻子愁何在？漫卷詩書喜欲狂。

　　　　白日放歌須縱酒，青春作伴好還鄉。

　　　　即從巴峽穿巫峽，便下襄陽向洛陽。

結構分析表

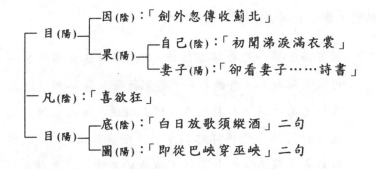

風格賞析

　　這首詩是杜甫流寓梓州（今四川三臺）時，聽聞唐軍收
復洛陽、鄭、汴，因欣喜欲狂而寫下的作品。從材料意象的
運用來看，「涕淚滿衣裳」、「喜欲狂」、「放歌縱酒」皆表現
了欣喜奔放的情感，而作者又透過「示現」技巧，寫出「巴
峽」、「巫峽」、「襄陽」、「洛陽」的時空懸想，更強化了奔放
流暢之感。

　　從詩的結構來看，底層與次層結構皆為「陰→陽」的順

向移位，產生明顯的陽剛之氣，上層爲核心結構，其趨於陽剛的轉位作用，將整首詩的陽剛之氣帶到高點，將這首詩「剛中寓柔」的風格形態顯現出來。而全詩的主旨落在結構表中「凡」的部分，即「喜欲狂」就是作者所要表達的核心情意，這種情意同樣是激烈奔放的喜悅，直抒作者胸臆而不做作，幾乎與其章法風格「剛中寓柔」的基調完全契合。綜上所述，這首詩在「剛中寓柔」的基本格調上，呈現的是「激動奔放」的風格。霍松林評此詩云：

> 這首詩除第一句敘事點題外，其餘各句這首詩除第一句敘事點題外，其餘各句，都是抒發忽聞勝利消息之後的驚喜之情。萬斛泉源，出自胸臆，奔湧直瀉。仇兆鰲在《杜少陵集詳註》中引王嗣奭的話說：「此詩句句有喜躍意，一氣流注，而曲折盡情，絕無妝點，愈樸愈真，他人絕不能道。」後代詩論家都極為推崇此詩，讚其為老杜「生平第一首快詩也」。[10]

所謂「萬斛泉源，出自胸臆，奔湧直瀉」、「一氣流注，而曲折盡情，絕無妝點，愈樸愈真」正可以作爲這首詩「激動奔放」之風格的最佳註腳。

---

[10] 見《唐詩鑑賞集成·霍松林評》（台北：五南圖書公司，2001 年 12 月初版三刷），頁 654。

（四）琵琶行

原文

　　潯陽江頭夜送客，楓葉荻花秋瑟瑟。主人下馬客在船，舉酒欲飲無管絃；醉不成歡慘將別，別時茫茫江浸月。忽聞水上琵琶聲，主人忘歸客不發。尋聲闇問彈者誰？琵琶聲停欲語遲。移船相近邀相見，天酒迴燈重開宴。千呼萬喚始出來，猶抱琵琶半遮面。

　　轉軸撥絃三兩聲，未成曲調先有情。絃絃掩抑聲聲思，似訴平生不得志。低眉信手續續彈，說盡心中無限事。輕攏慢撚抹復挑，初為霓裳後綠腰。大絃嘈嘈如急雨，小絃切切如私語；嘈嘈切切錯雜彈，大珠小珠落玉盤。間關鶯語花底滑，幽咽泉流水下灘。水泉冷澀絃凝絕，凝絕不通聲暫歇。別有幽愁闇恨生，此時無聲勝有聲。銀瓶乍破水漿迸，鐵騎突出刀槍鳴。曲終收撥當心畫，四絃一聲如裂帛。東船西舫悄無言，唯見江心秋月白。

　　沈吟放撥插絃中，整頓衣裳起斂容。自言本是京城女，家在蝦蟆陵下住。十三學得琵琶成，名屬教坊第一部。曲罷曾教善才伏，妝成每被秋娘妒。武陵年少爭纏頭，一曲紅綃不知數。鈿頭雲篦擊節碎，血色羅裙翻酒污。今年歡笑復明年，秋月春風等閒度。弟

走從軍阿姨死,暮去朝來顏色故。門前冷落車馬稀,老大嫁作商人婦。商人重利輕別離,前月浮梁買茶去。去來江口守空船,繞船月明江水寒。夜深忽夢少年事,夢啼妝淚紅闌干。

我聞琵琶已嘆息,又聞此語重唧唧!同是天涯淪落人,相逢何必曾相識!我從去年辭帝京,謫居臥病潯陽城;潯陽地僻無音樂,終歲不聞絲竹聲。住近湓江地低溼,黃蘆苦竹繞宅生;其間旦暮聞何物?杜鵑啼血猿哀鳴。春江花朝秋月夜,往往取酒還獨傾。豈無山歌與村笛?嘔啞嘲哳難為聽。

今夜聞君琵琶語,如聽仙樂耳暫明。莫辭更坐彈一曲,為君翻作琵琶行。感我此言良久立,卻作促絃絃轉急;淒淒不似向前聲,滿座重聞皆掩泣。座中泣下誰最多?江州司馬青衫溼。

結構分析表

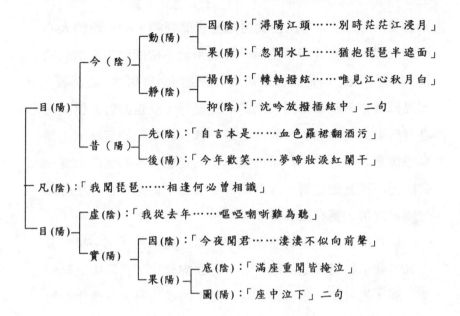

目(陽)
今（陰）
　動(陽)
　　因(陰)：「潯陽江頭……別時茫茫江浸月」
　　果(陽)：「忽聞水上……猶抱琵琶半遮面」
　靜(陰)
　　揚(陽)：「轉軸撥絃……唯見江心秋月白」
　　抑(陰)：「沈吟放撥插絃中」二句
昔（陽）
　先(陰)：「自言本是……血色羅裙翻酒污」
　後(陽)：「今年歡笑……夢啼妝淚紅闌干」
凡(陰)：「我聞琵琶……相逢何必曾相識」
目(陽)
　虛(陰)：「我從去年……嘔啞嘲哳難為聽」
　實(陽)
　　因(陰)：「今夜聞君……淒淒不似向前聲」
　　果(陽)
　　　底(陰)：「滿座重聞皆掩泣」
　　　圖(陽)：「座中泣下」二句

風格賞析

　　這首詩是白居易貶官江州司馬時所作。全詩透過描寫琵琶女彈奏琵琶、自述身世的描寫，抒發作者自己的「天涯淪落之恨」。在材料意象的運用方面，首段描寫江面送客之景，並交代與琵琶女偶遇之緣起，營造出「縹緲空闊」的氛圍。次段描寫琵琶女彈奏的情景，作者藉由譬喻之法，以「大珠小珠」、「間關鶯語」、「幽咽泉流」等視覺形象來比喻聲音，其彈奏的絃聲初由「輕快流利」，漸漸轉成「冷澀凝絕」，最後收撥一畫，戛然而止，產生足以盪氣迴腸、驚心動魄的感

染力量[11]。三段描寫琵琶女自述身世的經過，這一段扣人心弦的描寫，充滿著怨慕泣訴的抒情筆調，確能激起深切的同情。於是才有「同是天涯淪落人，相逢何必曾相識」的感嘆，四段描寫作者貶謫潯陽以來的心路歷程，就是面對琵琶女的身世所形成的共鳴，所表現的是一種哀怨悽絕的情緒。這種哀怨悽絕之感，在末段藉由第二次的琵琶彈奏的促絃急聲，帶出另一種激動之情，作者的熱淚直流、濕透青衫，使得這分淒苦之情，更有酣暢淋漓之感。

從結構表所呈現的陰陽動勢來看，底層的「因→果」及「底→圖」結構都是「陰→陽」的順向移位，其陽剛之氣較強；而「揚→抑」結構為「陽→陰」的逆向移位，產生的陰柔之氣幾乎與同一層的陽剛之氣相抵。三層的「動→靜」結構所產生的陰柔之氣與「先→後」、「因→果」結構所產生的陽剛之氣亦產生相抵的現象。至於二層的「今（陰）→昔（陽）」、「虛（陰）→實（陽）」結構皆為顯現陽剛之氣的順向移位，而上層「目（陽）→凡（陰）→目（陽）」又是顯現強烈陽剛之氣的轉位作用，整體而言全詩的陽剛的成分仍多於陰柔，形成「剛中寓柔」的風格形態。若結合「抒發天涯淪落之恨」的主旨，其「酣暢淋漓」之感具有較多的陽剛之氣，所以將這首詩定於「剛中寓柔」的風格基調非常合理。

---

[11] 參見《唐詩鑑賞集成·霍松林評》（臺北：五南圖書公司，2001 年12 月初版三刷），頁 1059。

（五）浪淘沙

原文

簾外雨潺潺，春意闌珊。羅衾不耐五更寒。夢裡不知
身是客，一晌貪歡。　　　　獨自莫憑闌，無限江山，
別時容易見時難，流水落花春去也，天上人間。

結構分析表

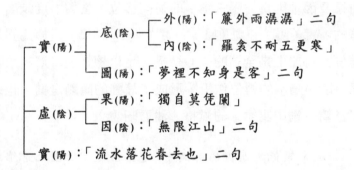

風格賞析

　　這闋詞是李煜亡國之後寓居北宋的感觸之作，旨在抒發
一個亡國之君身處異地的苦悶與哀痛。在材料意象的運用方
面，「雨潺潺」所營造的是一種淒苦的氛圍，「夢裡貪歡」則
在凸顯作者不願面對現實苦悶的心理。至於「憑闌」的處境，
更帶出復國無望、歸鄉無期的茫然意象。隨後用虛筆帶出「無

限江山」的傷感，傳達自己客居異鄉的悲痛；最後以景結情，用「水流花落」、「春去人逝」之景，暗示詞人即將結束一生的悲嘆。

　　從章法結構的陰陽條理來看，全詞以「實→虛→實」的筆法寫成。在此核心結構之下，寫景由外而內，再從「潺潺細雨」的背景（底）寫到「夢裡貪歡」的焦點（圖），凸顯主角似醒似夢的情狀，也描繪出一幅孤苦淒涼的景象；底層「由外而內」的結構，形成逆向的移位作用，帶出陰柔之勢；次層「由底而圖」是「陰→陽」的順向移位，陽氣較強，而「由果及因」則為「陽→陰」的逆向移位，陰柔力度較高；上層的「實（陽）→虛（陰）→實（陽）」結構，是極為強烈的轉位，再加上是全詞的核心結構，足以總括前二層，故其「陽→陰→陽」的轉位作用，形成了最強的陽剛之勢，也造就了通篇「剛中寓柔」的風格。潘君昭說：

> 　從本詞低沈悲愴的基調中，透露出這個亡國之君綿綿
> 　不盡的故土之思，可以說是一支婉轉淒苦的哀歌。[12]

這「低沈悲愴的基調」就是此詞的陽剛之勢，而「婉轉淒苦」就是其陰柔的部分了。譚復堂用「雄奇幽怨」[13]來概括此詞

---

[12] 見《唐宋詞鑑賞集成》上冊（臺北：五南圖書，2001 年 12 月初版三刷），頁 172。

[13] 譚復堂云：「雄奇幽怨，乃兼二難，後起稼軒，稍儕父矣。」見〈李後主詞輯評〉，收錄於《李後主‧李清照詞欣賞》（漢風出版社，2000 年二版三印），頁 100。

的風格，正契合「剛中寓柔」的格調！

（六）念奴嬌 赤壁懷古

原文

> 大江東去，浪淘盡、千古風流人物。故壘西邊，人道
> 是、三國周郎赤壁。亂石崩雲，驚濤裂岸，捲起千堆
> 雪。江山如畫。一時多少豪傑。　　　　遙想公瑾當年，
> 小喬初嫁了，雄姿英發。羽扇綸巾，談笑間、檣櫓灰
> 飛煙滅。故國神游，多情應笑我，早生華髮。人間如
> 夢，一尊還酹江月。

結構分析表

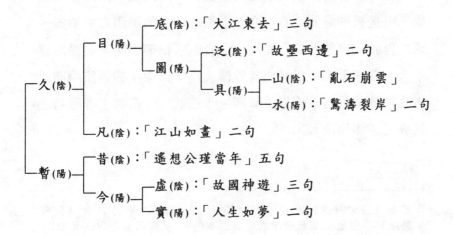

風格賞析

　　此詞是蘇軾謫居黃州時，游賞黃岡城外赤鼻磯所寫下的作品。其內容主要抒寫因赤壁景物所興發的今古感懷。這是《東坡樂府》中被譽爲具有「英雄氣格」的「千古絕唱」[14]。在材料意象的運用方面，上片描寫赤壁開闊的景色，並結合古今英雄人物，佈置了一個極爲廣闊而悠久的時空；下片運用今昔對比，以周瑜的「雄姿英發」對比自己的「早生華髮」，進而帶出「還酹江月」的超曠襟懷。

　　從結構表的陰陽動勢來看，結構表共分五層，底層由山景而水景，是「陰→陽」的順向移位，其勢偏於陽剛；四層寫景由抽象而具體，其勢亦偏於陽剛；三層的「底→圖」、「虛→實」結構均爲「陰→陽」的移位，其勢又偏於陽剛；次層的「目→凡」結構出現了逆向移位，其陰柔之勢雖然非常明顯，但是被同層的「昔→今」結構所產生的陽剛之氣消弱，因此對於上層的「久（陰）→暫（陽）」結構的陽剛之勢影響不大。綜理全篇可以見出其整體「剛中寓柔」的風格趨向。古今評論此詞者，皆以「雄渾」、「悲壯」、「超曠」等陽剛之詞譽之，如楊慎云：

---

[14] 沈雄《古今詞話》云：「東坡〈酹江月〉，爲千古絕唱」。徐《詞苑叢談》：「自有橫槊氣概，固是英雄本色」。其餘各家之評，可參閱曾棗莊《蘇詞彙評》，頁 41-52。

古今詞多脂軟纖媚取勝，獨東坡此詞感慨悲壯雄偉高卓，詞中之史也。[15]

又如劉乃昌云：

這首詞從總的方面來看，氣象磅礴，格調雄渾，高唱入雲，其境界之宏大，是前所未有的。通篇大筆揮灑，卻也襯以諧婉之句，英俊將軍與妙齡美人相映生輝，昂奮豪情與感慨超曠的思緒迭相遞轉，做到了莊中含諧，直中有曲。[16]

此所謂「感慨悲壯雄偉高卓」、「氣象磅礴」、「格調雄渾」的氣格，結合章法風格的分析，更能確定其「剛中寓柔」的基調。再結合「抒發超俗曠達之人生感懷」的主旨，這闋詞被評為「雄渾」、「超曠」確實是有理可循。

（七）天淨沙 秋思

原文

枯藤、老樹、昏鴉，小橋、流水、人家，古道、西風、瘦馬，夕陽西下，斷腸人在天涯。

---

[15] 見楊慎《草堂詩餘》，卷四。收錄於曾棗莊《蘇詞彙評》，頁 44。
[16] 見《唐宋詞鑑賞集成・劉乃昌評》，頁 728。

結構分析表

```
          ┌ 高(陽):「枯藤、老樹、昏鴉」
      ┌ 底(陰)┤
      │       └ 低(陰):「小橋、流水、人家」
┌ 圖(陽)┤
│      └ 圖(陽):「古道、西風、瘦馬」
┤
├ 底(陰):「夕陽西下」
│
└ 圖(陽):「斷腸人在天涯」
```

風格賞析

　　這首曲是古人稱頌爲散曲中的絕品，主要在表現天涯遊子的羈旅情懷。從材料意象的運用來看，作者連用四組、十一種物象，串連出一幅深秋的圖景。這些物象各展現出秋天的各種特質，第一句「枯藤、老樹、昏鴉」描繪秋天的枯藤在西風中微微顫抖，已有殘敗蕭條之感，而老樹枝枒上的老鴉佇立更給人蒼茫悲涼之感。第二句「小橋、流水、人家」略帶溫馨之感，卻反襯出第三句「古道、西風、瘦馬」凄涼與孤寂。這些物象在「夕陽西下」的氛圍之中，都是在烘托「斷腸人」淪落天涯的凄苦。

　　從結構表的陰陽動勢來看，十一種物象之間相互烘托的「圖底」關係，是這首曲最主要的內在條理而次層「底（陰）→圖（陽）」的順向移位及上層「圖（陽）→底（陰）→圖（陽）」的轉位，將曲的動勢帶出明顯的陽剛之勢，使這首曲呈現「剛

中寓柔」的風格基調。賴橋本分析此曲提到：

> 題為「秋思」，卻不從「情」字落筆，只是排比一連
> 串景和物，一句一景，尤其前三句十八個字，全部都
> 是名詞和形容詞，彷如一個個鏡頭，描繪出一幅高曠
> 悲涼的秋景，而景中帶情，其情自見。[17]

所謂「高曠悲涼」正是這首曲的風格，與主旨所抒發的「孤
寂落寞」之情可以互相闡發，更契合章法風格「剛中寓柔」
的形態。

（八）大德歌—秋

原文

> 風飄飄，雨瀟瀟，便做陳摶也睡不著。懊惱傷懷抱。
> 撲簌簌淚點拋。秋蟬兒噪罷寒蛩兒叫。淅零零細雨打芭
> 蕉。

結構分析表

---

[17] 見《新譯元曲三百首》（臺北：三民書局，1998 年 9 月再版），頁
187。

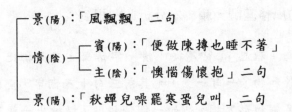

┌─ 景(陽)：「風飄飄」二句
│
│   ┌─ 賓(陽)：「便做陳摶也睡不著」
├─ 情(陰)─┤
│   └─ 主(陰)：「懊惱傷懷抱」二句
│
└─ 景(陽)：「秋蟬兒噪罷寒蛩兒叫」二句

風格賞析

　　這首曲是關漢卿〈大德歌〉十首之一，前四首分寫春、夏、秋、冬，此為第三首，描寫的是「秋」，旨在藉秋聲抒發秋夜的愁思。作者以寫景起筆，以寫景作結，藉由「風雨蕭蕭」、「蟬噪蛩鳴」、「雨打芭蕉」的聽覺摹寫，營造出秋夜的蕭瑟之感，在此氛圍之中，其孤寂淒涼之情更油然而生。

　　從結構表的陰陽動勢來看，底層的「賓（陽）→主（陰）」結構是逆向移位，形成陰柔的力量，此陰柔之勢正契合孤寂淒涼的情緒。上層的「景（陽）→情（陰）→景（陽）」結構是凸顯陽剛之氣的轉位作用，此陽剛之勢與秋景的蕭殺之氣不謀而合，亦為此曲的主調，形成整體「剛中寓柔」的風格形態。主旨雖在抒發秋夜愁思，而這種情緒卻被外圍秋景的蕭殺之氣所包圍這就是此曲陽剛之氣較為強烈的原因。賴橋本評此詞云：

　　　　此首寫相思，卻不從「情」字下筆，全篇都描寫聲音，藉種種秋聲自然烘托出秋夜的悲淒來，猶如曲中之

〈秋聲賦〉，寫來頗見奇巧。[18]

其言曲中之〈秋聲賦〉，正如歐陽脩所謂「初淅瀝以蕭颯，忽奔騰而澎湃，如波濤夜驚，風雨驟至」給人的肅殺之感，無怪乎此曲展現了較強的陽剛之氣，與一般的秋思之作截然不同。

（九）沈醉東風漁父詞

原文

黃蘆岸白蘋渡口，綠楊堤紅蓼灘頭。雖無刎頸交，卻有忘機友：點秋江白鷺沙鷗。傲殺人間萬戶侯。不識字煙波釣叟。

結構分析表

```
┌─底(陰)：「黃蘆岸白蘋渡口」二句
│        ┌─天(陰)：「雖無刎頸交」三句
└─圖(陽)─┤
         └─人(陽)：「傲殺人間萬戶侯」二句
```

---

[18] 見《新譯元曲三百首》（臺北：三民書局，1998 年 9 月再版），頁 108。

風格賞析

　　這首曲專寫漁父。藉歌詠漁家生活的恬淡悠閒，來強調歸隱生活的美好。[19] 從材料意象的運用來看，「黃蘆岸白蘋渡口」及「綠楊堤紅蓼灘頭」所營造的是一個炫麗而多采多姿的情境。作者以紅、綠、黃、白交錯輝映的渡口灘頭為背景，開始描寫動態的景觀，其用擬人筆法描寫白鷺、沙鷗，又描寫不識字的煙波釣叟，凸顯出「傲殺人間萬戶侯」的孤傲心情。

　　從結構表的陰陽動勢來看，底層的「天（陰）→人（陽）」結構與上層的「底（陰）→圖（陽）」結構，皆為「陰→陽」的順向移位，產生明顯的陽剛之氣，構成此曲「剛中寓柔」的風格基調。若結合主旨來看，「恬淡悠閒」是一種剛柔兼具的風格形態，而作者所凸顯的「孤傲」心情，卻是偏於陽剛的。顏瑞芳、溫光華評曰：

> 其主旨顯豁，條理分明，在恬淡閒適中，也寄託了自身孤傲的性格。[20]

已經清楚說明此曲「剛中寓柔」之風格形態的具體內涵。

---

[19] 參見賴橋本《新譯元曲三百首》（臺北：三民書局，1998 年 9 月再版），頁 115。

[20] 見顏瑞芳、溫光華《風格縱橫談》（臺北：萬卷樓，2003 年 2 月初版），頁 150。

（十）夏夜

原文

蝴蝶和蜜蜂們帶著花朵的蜜糖回來了，

羊隊和牛群告別了田野回家了，

火紅的太陽也滾著火輪子回家了，

當街燈亮起來向村莊道過晚安，

夏天的夜就輕輕地來了。

來了！來了！

從山坡上輕輕地爬下來了。

來了！來了！

從椰子樹梢上輕輕地爬下來了。

撒了滿天的珍珠和一枚又大又亮的銀幣。

美麗的夏夜呀！

涼爽的夏夜呀！

小雞和小鴨們關在欄裡睡了。

聽完了老祖母的故事，

小弟弟和小妹妹也闔上眼睛走向夢鄉了。

〈小妹妹夢見她變做蝴蝶在大花園裡忽東忽西地飛，

小弟弟夢見他變做一條魚在藍色的大海裡游水。〉

睡了，都睡了！

　　朦朧地，山巒靜靜地睡了！

　　朦朧地，田野靜靜地睡了！

　　只有窗外瓜架上的南瓜還醒著，

　　伸長了藤蔓輕輕地往屋頂上爬。

　　只有綠色的小河還醒著，

　　低聲地歌唱著溜過彎彎的小橋。

　　只有夜風還醒著，

　　從竹林裡跑出來，

　　跟著提燈的螢火蟲，

　　在美麗的夏夜裡愉快地旅行。

結構分析表

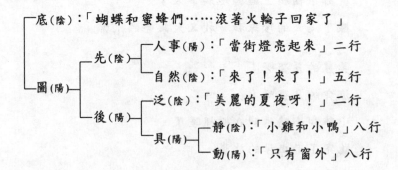

風格賞析

　　這首是童話詩人楊喚的經典傑作，旨在歌頌夏夜的清新

與美好。從材料意象的運用來看，作者先描寫夏夜來臨之前的景象，運用巧妙的擬人筆法，描寫「蝴蝶」、「蜜蜂」、「羊隊」、「牛群」和「火紅的太陽」，筆調相當輕快自然，毫無遲暮之感。其後又透過具象化的技巧，將「夜」從山坡、從椰子樹稍輕輕地拉下，最後用象徵星星、月亮的「珍珠」和「銀幣」，爲夏夜揭開序幕，其筆調同樣充滿輕快、親切之感。接著進入夏夜的主軸，作者先描寫靜態的夏夜之美，再進一步描述夏夜的動態之美，其中「南瓜」、「小河」、「夜風」、「螢火蟲」等物象，在作者巧妙安排下變得活潑躍動，將夏夜帶向高潮，使整首詩充滿輕快活潑的律動。

　　從結構表的陰陽動勢來看，底層的「靜（陰）→動（陽）」結構爲順向移位，其勢趨於陽剛；三層的「人（人事）→天（自然）」結構爲逆向移位，其勢趨於陰柔，而「泛（陰）→具（陽）」結構則爲順向移位，其勢又趨於陽剛，兩者相抵之下，陰柔之勢變得較爲明顯；至於二層的「先（陰）→後（陽）」結構與上層「底（陰）→圖（陽）」結構皆爲順向移位，又將詩的動勢帶向陽剛，而上層爲核心結構，其陽剛之勢具有主導作用，使這首詩的章法風格呈現「剛中寓柔」的形態。若結合「歌頌夏夜之清新美好」的主旨來看，其「剛中寓柔」的風格基調與「輕快自然」的感染力是可以相應的。

二、屬「柔中寓剛」的風格

所謂「柔中寓剛」的風格，是指辭章風格中「陰柔之氣」的成分多於「陽剛之氣」，使辭章呈現「陰柔外顯而陽剛內蘊」的風格形態。在中學詩歌教材中，屬於這種風格形態者，如《詩經・蒹葭》、〈飲馬長城窟行〉、〈陌上桑〉、〈迢迢牽牛星〉、李白〈長干行〉、黃庭堅〈寄黃幾復〉、朱熹〈觀書有感〉、辛棄疾〈西江月〉、徐志摩〈再別康橋〉、鄭愁予〈錯誤〉等，試以其「柔中寓剛」的章法風格爲基調，分析其個別的辭章風格如下。

（一）蒹葭

原文

> 蒹葭蒼蒼，白露為霜，所謂伊人，在水一方。溯洄從之，道阻且長；溯游從之，宛在水中央。
>
> 蒹葭淒淒，白露未晞。所謂伊人，在水之湄。溯洄從之，道阻且躋；溯游從之，宛在水中坻。
>
> 蒹葭采采，白露未已。所謂伊人，在水之涘。溯洄從之，道阻且右；溯游從之，宛在水中沚。

結構分析表

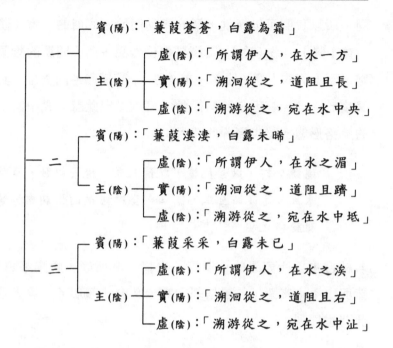

一 ┬ 賓(陽)：「蒹葭蒼蒼，白露為霜」
　 └ 主(陰) ┬ 虛(陰)：「所謂伊人，在水一方」
　　　　　　├ 實(陽)：「溯洄從之，道阻且長」
　　　　　　└ 虛(陰)：「溯游從之，宛在水中央」

二 ┬ 賓(陽)：「蒹葭淒淒，白露未晞」
　 └ 主(陰) ┬ 虛(陰)：「所謂伊人，在水之湄」
　　　　　　├ 實(陽)：「溯洄從之，道阻且躋」
　　　　　　└ 虛(陰)：「溯游從之，宛在水中坻」

三 ┬ 賓(陽)：「蒹葭采采，白露未已」
　 └ 主(陰) ┬ 虛(陰)：「所謂伊人，在水之涘」
　　　　　　├ 實(陽)：「溯洄從之，道阻且右」
　　　　　　└ 虛(陰)：「溯游從之，宛在水中沚」

風格賞析

　　這是一首情詩，選自《詩經‧秦風》，旨在抒發尋覓意中人可望而不可及的惆悵。從材料意象的運用來看，作者以「蒹葭」起興，描繪深秋蘆葦渲染霜露的淒清景色，營造出一種「渺遠虛惘」的氛圍。而江水曲折，「伊人」可望而不可及，表達了作者殷切想見、執著追求的情意。在每一章的末句，作者以「宛在」作結，更帶出伊人若隱若現、虛無縹緲的意象。

　　從結構表的陰陽動勢來看，三章所傳達的內在條理相

同，所以我們可以僅就一章的律動而論。底層的「虛（陰）
→實（陽）→虛（陰）」結構是轉位作用，形成明顯的陰柔之
勢，而上層的「賓（陽）→主（陰）」結構為逆向移位，其勢
又趨於陰柔，綜理全詩的律動，可以見出此詩「柔中寓剛」
的風格形態。滕志賢評此詩云：

> 總觀全詩，以景托情，以情入景，情景相融，蘊藉雋
> 永。本篇從頭至尾，籠罩在朦朧悠遠的情調中，堪稱
> 朦朧詩之祖。[21]

若結合主旨所表達的「惆悵」之情，其所謂「朦朧悠遠」，
皆與「柔中寓剛」的風格基調完全契合。顏瑞芳、溫光華評
此詩也提到：

> 詩人把抽象的心境化為具體的意象，語言顯得含蓄雋
> 永，清雅婉約。而整首詩透過情景交融的手法，呈現
> 出悠渺淒清的意境，也是本詩深受後世喜愛的原因。[22]

可與上列風格述評及章法風格「柔中寓剛」的形態互相參證。

（二）飲馬長城窟行

---

[21] 見《新譯詩經讀本》（臺北：三民書局，2001年2月初版二刷），
頁345。
[22] 見顏瑞芳、溫光華《風格縱橫談》（臺北：萬卷樓，2003年2月初
版），頁62。

原文

> 青青河畔草，綿綿思遠道。遠道不可思，夙昔夢見之。
> 夢見在我旁，忽覺在他鄉。他鄉各異縣，展轉不可見。
> 枯桑知天風，海水知天寒。入門各自媚，誰肯相為言？
> 客從遠方來，遺我雙鯉魚。呼兒烹鯉魚，中有尺素書。
> 長跪讀素書，書中竟何如？上有加餐飯，下有長相憶。

結構分析表

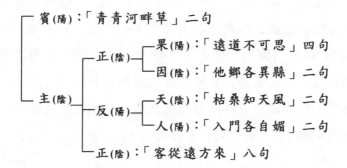

```
┌─ 賓(陽)：「青青河畔草」二句
│                ┌─ 果(陽)：「遠道不可思」四句
│       ┌─ 正(陰)─┤
│       │        └─ 因(陰)：「他鄉各異縣」二句
└─ 主(陰)─┤        ┌─ 天(陰)：「枯桑知天風」二句
        ├─ 反(陽)─┤
        │        └─ 人(陽)：「入門各自媚」二句
        └─ 正(陰)：「客從遠方來」八句
```

風格賞析

　　這是一首典型的閨怨情詩，旨在抒發思婦獨守空閨、久
候良人的幽怨之情。在材料意象的運用上，作者首先以青草
起興，而綿亙無際的河邊青草，也象徵著思婦綿延不絕的思
念，其運用頂針的技巧，營造出一種幽怨纏綿的氛圍。而夢
境的描述，雖有飄忽渺遠的感覺，卻與現實的孤苦相違，其

所謂「枯桑知天風，海水知天寒」所產生的淒冷孤寂之感，
正與其飄忽之境形成強烈對比。最後以收信、讀信表達思婦
的殷切期盼，同時也傳達遠方良人的對家人的無限牽掛。藉
由「雙鯉魚」的牽繫，這段相互思念的情感，更顯得真摯而
綿長。

從結構表的陰陽動勢來看，底層的「果（陽）→因（陰）」
結構為逆向結構，顯現陰柔的動勢，而「天（陰）→人（陽）」
結構所形成的陽剛之勢仍小於「果→因」結構所形成的陰柔
之勢；次層的「正（陰）→反（陽）→正（陰）」結構所產生
的轉位作用，造成更明顯的陰柔之勢；而上層「賓（陽）→
主（陰）」結構仍為逆向移位，其陰柔之勢亦強，綜理各層
的陰陽動勢可以明顯看出整體「柔中寓剛」的風格形態。一
般對於這首詩的風格述評，多認為此詩「情感含蓄真摯，筆
觸委婉而流暢」[23]，而白連仲更清楚提到：

> 全詩以閨婦思念遠出不歸親人的情感為主線，「天籟
> 自鳴，直抒己志，」如風行水上，自然成文如風行水
> 上，自然成文，言有盡而意無窮」（清劉毓松《古謠
> 諺序》），讀來親切自然，雖平直而意味深長。表現了
> 樂府民歌以現實生活為反映內容的基本特色。[24]

---

[23] 參見顏瑞芳、溫光華《風格縱橫談》（臺北：萬卷樓，2003 年 2 月
初版），頁 68-69。
[24] 見《樂府詩鑑賞辭典》（鄭州：中州古籍出版社，1990 年 3 月第 1

這裡說明了此詩「自然真切」的風貌。若結合這首詩的閨怨
特質及其「抒發思婦獨守空閨、久候良人的幽怨之情」的主
旨，其內在陰柔的律動應佔有很大的成分，我們用章法風格
「柔中寓剛」的基調來理解其風格的內在律動，使其「幽怨
纏綿」、「委婉流暢」、「自然真切」的形象述評更為有理可說。

（三）陌上桑

原文

　　日出東南隅，照我秦氏樓。秦氏有好女，自名為
羅敷。羅敷喜蠶桑，採桑城南隅。青絲為籠係，桂枝
為籠鉤。頭上倭墮髻，耳中明月珠。緗綺為下裙，紫
綺為上襦。行者見羅敷，下擔捋髭鬚；少年見羅敷，
脫帽著帩頭。耕者忘其犁，鋤者忘其鋤。來歸相怨怒，
但坐觀羅敷。使君從南來，五馬立踟躕。使君遣吏往，
「問是誰家姝？」「秦氏有好女，自名為羅敷。」「羅
敷年幾何？」「二十尚不足，十五頗有餘。」使君謝
羅敷，「寧可共載不？」羅敷前置辭：「使君一何愚，
使君自有婦，羅敷自有夫。」「東方千餘騎，夫婿居
上頭。何用識夫婿？白馬從驪駒。青絲繫馬尾，黃金
絡馬頭。腰中鹿盧劍，可直千萬餘。十五府小吏，二

版），頁 39。

　　十朝大夫，三十侍中郎，四十專城居。為人潔白皙，

　　鬑鬑頗有鬚，盈盈公府步，冉冉府中趨。坐中數千人，

　　皆言夫婿殊。」

結構分析表

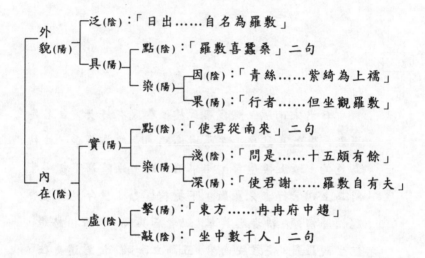

外
貌(陽)
　　泛(陰)：「日出……自名為羅敷」
　　具(陽)
　　　　點(陰)：「羅敷喜蠶桑」二句
　　　　染(陽)
　　　　　　因(陰)：「青絲……紫綺為上襦」
　　　　　　果(陽)：「行者……但坐觀羅敷」

內
在(陰)
　　實(陽)
　　　　點(陰)：「使君從南來」二句
　　　　染(陽)
　　　　　　淺(陰)：「問是……十五頗有餘」
　　　　　　深(陽)：「使君謝……羅敷自有夫」
　　虛(陰)
　　　　擊(陽)：「東方……冉冉府中趨」
　　　　敲(陰)：「坐中數千人」二句

風格賞析

　　這是一首描寫古代婦女的丰姿神韻及堅貞情操的敘事
詩。從材料意象的運用來看，作者運用巧妙的側面描寫，烘
托出女子羅敷外在神韻。首先描述她的採桑工具以「青絲爲
籠係，桂枝爲籠鉤」，裝扮是「頭上倭墮髻，耳中明月珠。
緗綺爲下裙，紫綺爲上襦」，展現了羅敷「優雅細膩」的神

態。其次透過旁人的反應，所謂「行者見羅敷，下擔捋髭鬚」、「少年見羅敷，脫帽著帩頭」、「耕者忘其犁，鋤者忘其鋤。來歸相怨怒，但坐觀羅敷」，側面烘托羅敷的美麗動人。於是，一個勤勞而美麗的古典女子形象，就在作者輕柔的筆調中被凸顯出來。次段以羅敷和使君的對話爲主，凸顯羅敷潔身自愛、不輕浮隨便的性格，令人感受到女子「貞節而剛烈」的堅持，與機智慧黠的特質。最後透過羅敷對於丈夫的讚揚與期待，表現了女子「堅定而樂觀」的愛情。

從結構表的陰陽動勢來看，底層的「因→果」及「淺→深」結構均爲「陰→陽」的順向移位，其形成的陽剛之氣影響全篇不大。三層的兩疊「點（陰）→染（陽）」結構所形成的陽剛之氣，與「擊（陽）→敲（陰）」結構所形成的陰柔之氣大致相抵。至於二層的「泛（陰）→具（陽）」結構是順向移位，陽剛之氣被凸顯；而「實（陽）→虛（陰）」結構爲逆向結構，其陰柔之氣較強，亦削弱了「泛→具」結構所產生的陽剛氣勢。上層的「外（陽）→內（陰）」爲核心結構，其逆向移位所凸顯的陰柔之氣最爲明顯，綜理其餘各層的陰陽動勢，整首詩呈現的是「柔中寓剛」的風格形態。王運熙、周鋒評此詩云：

　　　　從首詩來看，作者採用虛實結合，實中有虛的手法充
　　　　分表現了羅敷外貌和內心的美。在敘述中使用生動的
　　　　對話使人物性格鮮明，結構緊湊。誇張與鋪陳等藝術

手法又使詩富有濃郁的民歌風味和詼諧的喜劇效果。[25]

其所謂「虛實結合」的手法，正是本詩描寫羅敷從「外在形貌」寫到「內在神韻」，以及從實寫「羅敷與使君的對話」到虛想「羅敷丈夫之成就」的結構次序。如此即吻合「外（陽）→內（陰）」、「實（陽）→虛（陰）」的陰陽律動，而「詼諧的喜劇效果」亦屬於一種偏於陰柔的格調，在在印證此詩「柔中寓剛」的風格基調。

（四）迢迢牽牛星

原文

迢迢牽牛星，皎皎河漢女。纖纖擢素手，札札弄機杼。
終日不成章，泣涕零如雨。河漢清且淺，相去復幾許。
盈盈一水間，脈脈不得語。

結構分析表

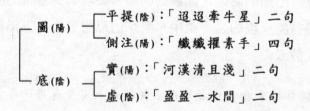

---

[25] 見《詩詞曲賦名作鑑賞大辭典・詩歌卷》（太原：北岳文藝出版社，1991 年 12 月第 1 版二刷），頁 109。

風格賞析

　　這是古詩十九首之一，其描寫牛郎、織女相看而不能相望，實則抒發鍾情男女咫尺天涯的哀怨[26]。在材料意象的運用上，作者以牛郎、織女的神話故事為主軸，本來就容易引發讀者的多層幻想，增加了這首詩的感染力。尤其是疊字的運用，如「迢迢」牽牛星、「皎皎」河漢女、「纖纖」擢素手、「札札」弄機杼、「盈盈」一水間、「脈脈」不得語，在形式上具有音樂性的節奏美，在內容情意上更能應和相思的綿延之感。

　　從結構表的陰陽動勢來看，底層的「平（陰）→側（陽）」結構為順向移位，顯現陽剛之氣，而「實（陽）→虛（陰）」結構為逆向移位，其陰柔之氣大於同層「平（陰）→側（陽）」結構所產生的陽剛之氣。上層的「圖（陽）→底（陰）」為核心結構，其逆向移位所形成的陰柔之勢為全詩的主調，使整首詩呈現「柔中寓剛」的風格形態。

　　劉勰曾對〈古詩十九首〉提出一個總體評價，所謂「直而不野」、「怊悵切情」[27]，正是一種充滿陰柔之風的形象評述，馬茂元更針對此詩的藝術特色加以說明，其云：

---

[26] 參見奚少庚、趙麗雲《歷代詩詞千首解析辭典》（臺北：建宏出版社，1996年2月初版），頁201。

[27] 見《文心雕龍・明詩》篇。

詩從想像出發，充滿濃厚的浪漫氣息，在《古詩十九
首》裡這是最為特出的一篇。這種幻想之所以產生，
就詩的題材來說，它是以雙星的戀愛故事為背景；就
詩的思想來說，它完全是現實生活的反映。兩者結合
起來，凝成了詩的優美形象。[28]

其所謂「濃厚的浪漫氣息」、「詩的優美形象」，都是屬
於陰柔風格的形象述評。再結合此詩「抒發鍾情男女咫尺天
涯之哀怨」的主旨來看，這首詩所展現之婉轉哀怨的感染
力，相當符合「柔中寓剛」的風格基調。

（五）長干行

原文

妾髮初覆額，折花門前劇。郎騎竹馬來，遶床弄青梅。
同居長干里，兩小無嫌猜。十四為君婦，羞顏未嘗開。
低頭向暗壁，千喚不一回。十五始展眉，願同塵與灰。
常存抱柱信，豈上望夫臺。十六君遠行，瞿塘灩澦堆。
五月不可觸，猿聲天上哀。門前遲行跡，一一生綠苔。
苔深不能掃，落葉秋風早。八月蝴蝶黃，雙飛西園草。

---

[28] 見馬茂元《古詩十九首探索》（高雄：復文圖書出版社，1984 年 11
月初版），頁 157。

感此傷妾心，坐愁紅顏老。早晚下三巴，預將書報家。
相迎不道遠，直至長風沙。

結構分析表

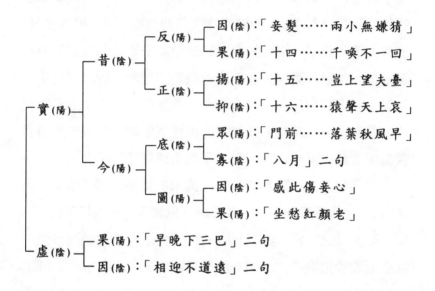

風格賞析

　　這首詩是李白仿作民間〈長干曲〉所寫成的樂府詩篇。
主要在描寫長干女思念遠行丈夫的心情與企盼來歸的願
望。在材料意象的運用上，詩人以長江下游的「長干里」為
背景，展開一段青梅竹馬的相戀故事。男女主角從童年的「兩
小無嫌猜」，到初婚時的「羞顏未嘗開」，表現女子從懵懂童

年到初嫁嬌羞的心路歷程。及至後來接受丈夫的感情，女子
展現了另一種面對愛情的態度，詩人以「塵灰」為喻，更引
用「抱柱信」、「望夫臺」的寓言傳說，凸顯女子對於這段婚
姻的堅貞情懷。時空回到現在，詩人描寫思婦等待的情狀，
運用許多物象來襯托思婦的心情，如用「綠苔」象徵女子空
等的愁思，用「落葉」凸顯青春歲月的流逝，用「蝴蝶雙飛」
反襯女子的孤單，這些物象對於表達女子期待的苦楚皆有正
面強化的作用。而詩人並不將此詩侷限在幽苦的氛圍之中，
末段透過「預想示現」及「誇飾」的技巧，表達了女子想見
丈夫的殷切，同時也將此詩轉向積極躍動的情緒，使此詩具
備纏綿婉轉的風格之外，又多了靈活躍動的感染力。

　　從結構表的陰陽動勢來看，底層的兩疊「因（陰）→果
（陽）」結構為順向移位，其陽剛之氣較多；而「揚（陽）→
抑（陰）」結構及「眾（陽）→寡（陰）」結構為逆向移位，
其凸顯的陰柔之氣大於同一層的陽剛之氣。三層的「反（陽）
→正（陰）」結構為逆向移位，再加上「正反」章法的對比質
性，其陰柔之氣明顯大過「底→圖」結構所行成的陽剛之氣。
上層的「實（陽）→虛（陰）」為核心結構，其逆向移位所形
成的陰柔之氣最為明顯，再加上其餘各層的陰柔氣勢，整體
呈現出「柔中寓剛」的風格形態。余恕誠針對這首詩提出評
論說到：

　　　　這首詩寫南方女子溫柔細膩的感情，纏綿婉轉，步步深

入。配合著舒徐的音節，形象化的語言，在生活圖景刻畫，環境氣氛渲染，人物性格描寫上，顯示了完整性、創造性。《唐宋詩醇》讚揚說：「兒女子情事，直從胸臆流出。縈迴曲折，一往情深。」評價是很高的。[29]

其言「深沈柔和」、「纏綿婉轉」正是此詩陰柔風格的部分，而「靈活躍動」的成分較小，可視爲陽剛之氣的展現，這些形象式的風格評語，確實吻合了「剛中寓柔」的基調，也符合「抒發女子思念企盼之心情」的主旨相契合。

（六）寄黃幾復

原文

我居北海君南海，寄雁傳書謝不能。
桃李春風一杯酒，江湖夜雨十年燈。
持家但有四立壁，治病不蘄三折肱。
想得讀書頭已白，隔溪猿哭瘴煙藤。

結構分析表

---

[29] 見《唐詩鑑賞集成》上冊（臺北：五南圖書公司，2001年12月初版三刷），頁288。

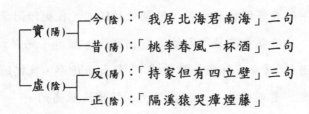

```
        ┌─今(陰):「我居北海君南海」二句
  ┌實(陽)┤
  │     └─昔(陽):「桃李春風一杯酒」二句
──┤
  │     ┌─反(陽):「持家但有四立壁」三句
  └虛(陰)┤
        └─正(陰):「隔溪猿哭瘴煙藤」
```

風格賞析

　　這是一首思念朋友的詩，作者感慨兩人分隔兩地的境遇，也隱含爲朋友的懷才不遇、窮愁潦倒，抒發深沈的慨嘆。從材料意象的運用來看，詩人善於引用典故，如「我居北海君南海」、「治病不蘄三折肱」皆化用自《左傳》，而「寄雁傳書」與《漢書‧蘇武傳》有關，「持家但有四立壁」則化引自《史記‧司馬相如傳》，使本詩具備了古樸典雅的感染力。至於「猿哭」的哀淒、「瘴煙藤」的縹緲氛圍，更添增此詩淒苦哀愁的情思。此外，作者更善於鍊字，其化用典故，只取其意而避免字句複重，已收點鐵成金的效果，更具奇峭之風；而「桃李春風一杯酒，江湖夜雨十年燈」更是作者苦心經營的佳句，其形式的對偶與意境的對比皆有可觀，令人同時感受到溫馨及淒冷兩種氛圍。

　　從結構表的陰陽動勢來看，底層的「今（陰）→昔（陽）」結構爲順向移位，其勢趨於陽剛，而「反（陽）→正（陰）」結構爲逆向移位，其陰柔之勢遠大於同一層的陽剛之勢。上層的「實（陽）→虛（陰）」爲核心結構，其逆向移位所凸顯

的陰柔之勢成爲此詩的主導力量，形成全詩「柔中寓剛」的
風格形態。歷來評論家常以黃詩「古樸奇峭」之風爲基礎來
評論此詩，故其評斷之語多以局部意象來概括整體之風格。
如霍松林云：

> （此詩）取《左傳》、《史記》中的散文語言入詩，又
> 給近體詩帶來蒼勁古樸的風味。[30]

陶文鵬亦云：

> 「但有四立壁」連用五個仄聲，卻有意不補救，下句
> （治病不蘄）仍用順中帶拗，使詩句瘦硬奇峭，恰好
> 表現黃幾復傲岸不阿的品格。[31]

這裡所謂「蒼勁古樸」、「瘦硬奇峭」，皆屬陽剛之風格。若
結合結構表來說，這些詩句確實落在結構表裡展現陽剛之氣
的律動中，而此陽剛之動勢僅爲局部，另外存在的陰柔的力
量不能就此忽視。所以用「蒼勁古樸」、「瘦硬奇峭」來概括
全詩整體之風格有失偏頗，其末句帶出的悲涼之感才是此詩
的核心情意。因此，以「悲涼」之感（屬陰柔）爲主，「蒼
勁」之風（屬陽剛）爲輔，形成「柔中寓剛」的基調才是本

---

[30] 見《名家鑑賞宋詩大觀》（上海辭書出版社，1988 年 5 月第 1 版），頁 505。
[31] 見《詩詞曲賦名作鑑賞大辭典‧詩歌卷》（太原：北岳文藝出版社，1991 年 12 月第 1 版二刷），頁 1108。

詩的整體風貌。

（七）觀書有感

原文

半畝方塘一鑑開，
天光雲影共徘徊。
問渠那得清如許？
為有源頭活水來。

結構分析表

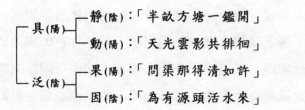

風格賞析

　　宋詩多有哲理闡述的內涵，本詩為朱熹得意之作，亦具備這種特色。作者藉由自然景物的書寫，抒發個人讀書治學的體會。從材料意象的運用來看，其描寫方塘「天光雲影」

的躍動景致，以及清澈明淨的活水源頭，給人一種靈動舒活的感受。而自然景物背後所象徵的哲思，更可以引發豁然開朗的共鳴。

　　從結構表的陰陽動勢來看，底層的「靜（陰）→動（陽）」結構爲順向移位，其勢趨於陽剛；「果（陽）→因（陰）」結構則爲逆向移位，其勢趨於陰柔，此陰柔之勢大於同一層的陽剛之勢。上層的「具（陽）→泛（陰）」爲核心結構，其逆向移位的作用帶出陰柔之氣，成爲此詩的主要動勢，使全詩呈現「柔中寓剛」的風格形態。顏瑞芳、溫光華評論此詩提到：

> 源頭有活水流動，水塘方能保持清澈明淨；人也必須不斷吸取新知，寸心才得以明潔無瑕，並避免思想的陳腐和僵化。其寓物說理的技巧貼切而高妙，既有哲理思考的深度，又有雋永可味的情韻，是一首極富理趣的傑作。[32]

其言「哲理思考的深度」可視爲這首詩內蘊陽剛之氣的原因，而「雋永可味的情韻」則是陰柔之氣的源頭，從表現手法而言，其陰柔之氣是較爲外顯的。此外，馬乃驪針對風格評論此詩也提到：

---

[32] 見顏瑞芳、溫光華《風格縱橫談》（臺北：萬卷樓，2003 年 2 月初版），頁 111。

　　　　詩人將詩題改為〈觀書有感〉，確實把方塘詩的意境
　　　　昇華了，由一般自然的審美情趣，上升到人生哲理的
　　　　審美高度，由此看來，朱熹詩不只「雅正明潔」，更
　　　　具有他真正理學大詩的獨特哲理。[33]

其言「雅正明潔」正是一種偏於陰柔的風格。若再檢視其主
旨「抒發讀書治學之體會」的含蓄呈現，就不難理解其「柔
中寓剛」之風格的內在律動。

（八）西江月

原文

　　　　明月別枝驚鵲，清風半夜鳴蟬。稻花香裡說豐年，聽
　　　　取蛙聲一片。　　　七八個星天外，兩三點雨山前。舊
　　　　時茅店社林邊，路轉溪橋忽見。

結構分析表

---

[33] 見《詩詞曲賦名作鑑賞大辭典・詩歌卷》（太原：北岳文藝出版社，
　　1991 年 12 月第 1 版二刷），頁 1205。

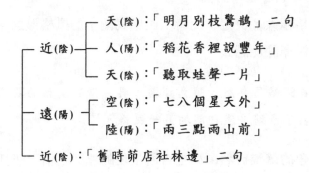

風格賞析

　　這闋詞是辛棄疾少數展現悠閒之情的佳作。其主旨在描寫閒居帶湖期間，夜行黃沙道中的農村景致。從材料意象的運用來看，作者以擬人的筆法描寫鵲噪、蟬鳴與蛙聲，在明月、清風與稻花香的烘托之下，呈現夏夜農村的熱鬧氛圍，也展現了自然與人文的和諧交融。下片起首將筆觸拉遠，並運用倒裝手法，描寫疏闊的星空與稀微的山雨，表現了疏淡自然的美感。結尾二句也是倒裝句法，其筆觸由遠而近，一座「社林邊的舊時茆店」，出現在「路轉溪橋」之間，除了帶來驚喜之外，更給人淡淡的溫馨之感。

　　從結構表的陰陽動勢來看，底層「天（陰）→人（陽）→天（陰）」結構的轉位作用形成濃厚的陰柔之勢，其力度遠大於「空（陰）→陸（陽）」結構之順向移位所產生的陽剛之勢。上層的「近（陰）→遠（陽）→近（陰）」結構又是趨於陰柔之勢的轉位，因其核心結構之故，此陰柔之勢影

響全篇風格極大，決定了此詩「柔中寓剛」的風格形態。曾
棗莊、吳洪澤評此詞云：

> 整首詞格局自然，隨意揮灑，具有清新淡雅的美感，
> 代表了辛詞平淡自然的另一風格。[34]

從材料意象的疏淡自然，到主旨所呈現的悠閒之情，正與所
謂「清新淡雅的美感」、「平淡自然的風格」不謀而合，更符
合章法風格之「柔中寓剛」的基調。

（九）再別康橋

原文

> 輕輕的我走了，
> 　　正如我輕輕的來；
> 我輕輕的招手，
> 　　作別西天的雲彩。
>
>
> 那河畔的金柳，
> 　　是夕陽中的新娘，

---

[34] 見曾棗莊、吳洪澤《蘇辛詞選》（臺北：三民書局，2000 年 11 月
初版），頁 243。

波光裡的豔影，

　　在我的心頭蕩漾。

軟泥上的青荇，

　　油油的在水底招搖；

在康河的柔波裡，

　　我甘心做一條水草！

那榆蔭下的一潭，

　　不是清泉，是天上的虹，

揉碎在浮藻間，

　　沈澱著彩虹似的夢。

尋夢？撐一支長篙，

　　向青草更青處漫溯，

滿載一船星輝，

　　在星輝斑斕裡放歌。

但我不能放歌，

　　悄悄是別離的笙簫；

夏蟲也為我沈默，

　　沈默是今晚的康橋！

悄悄的我走了，

　　正如我悄悄的來；

我揮一揮衣袖，

　　不帶走一片雲彩。

結構分析表

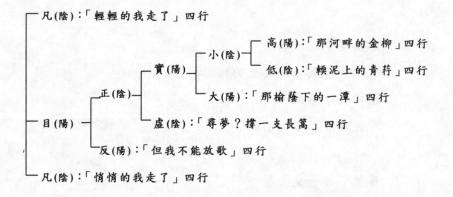

風格賞析

　　這首詩是徐志摩早年留學英國康橋，在二度回到康橋之
後的感懷之作，也是現代詩發展以來的經典作品之一。主旨
在抒發對康橋的眷戀深情與離愁別緒。從材料意象的運用來
看，詩人運用了《詩經》重章的技巧，在首尾設計了重複的
語言，如「輕輕的我走了」——「悄悄的我走了」、「正如我
輕輕的來」——「正如我悄悄的來」、「我輕輕的招手」——

「我揮一揮衣袖」、「作別西天的雲彩」——「不帶走一片雲彩」，字詞稍有不同，意象卻非常相近，不僅形成了首尾呼應，更在故作瀟灑的神態中，隱現其眷戀的深情。其次，作者以「有我」的姿態，融入康橋景物的描寫之中：其用譬喻手法寫「河畔的金柳」，不忘強調「在我的心頭蕩漾」；描寫「水底的青荇」，更希望自己成為「一條水草」；又將榆蔭下的潭水，比喻成天上的虹，進而轉入自己的夢境之中。夢境中滿是斑斕的星輝，在星輝下卻不能放歌，因為即將離別而沈默，這種離愁別緒更令人悵惘。於是，夏蟲也沈默、康橋也沈默，作者藉由擬人筆法想要親近康橋的一景一物，卻帶出更深、更濃的離愁。作者廣泛地運用擬人筆法，使詩中的意象更加親切自然。

從結構表的陰陽動勢來看，底層的「高（陽）→低（陰）」結構是逆向移位，其勢趨於陰柔。四層的「小（陰）→大（陽）」結構為順向移位，其勢趨於陽剛。三層的「實（陽）→虛（陰）」結構又是帶出陰柔之勢的逆向移位。二層的「正（陰）→反（陽）」結構則為順向移位，又帶出陽剛之勢。從底層到二層的陰陽動勢形成幾近相抵的態勢，至上層的「凡（陰）→目（陽）→凡（陰）」結構，其轉位作用帶出最明顯的陰柔之勢，再以其為核心結構之故，影響全詩風格最大，形成整首詩「柔中寓剛」的風格形態。顏瑞芳、溫光華提到此詩的風格說：

　　　　全詩寄寓了詩人細膩而豐富的情思，也展現了情景
　　　　交融的優美意境，是徐志摩婉約柔媚風格的代表作
　　　　品。[35]

其明示此詩爲徐志摩「婉約柔媚」的代表作，我們結合主旨
「抒發對康橋的眷戀深情與離愁別緒」，及材料意象所呈現
的輕柔幽愁的美感，更印證了章法風格「柔中寓剛」的律動。

（十）錯誤

原文

　　　　　我打江南走過
　　　　　那等在季節裡的容顏如蓮花的開落

　　　　　東風不來，三月的柳絮不飛
　　　　　你底心如小小的寂寞的城
　　　　　恰若青石的街道向晚
　　　　　跫音不響，三月的春帷不揭
　　　　　你底心是小小的窗扉緊掩

---

[35] 見顏瑞芳、溫光華《風格縱橫談》（臺北：萬卷樓，2003 年 2 月初版），頁 176。

我達達的馬蹄是美麗的錯誤

我不是歸人，是個過客……

結構分析表

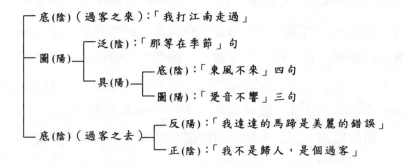

底(陰)（過客之來）：「我打江南走過」
圖(陽)
　　泛(陰)：「那等在季節」句
　　具(陽)
　　　　底(陰)：「東風不來」四句
　　　　圖(陽)：「跫音不響」三句
底(陰)（過客之去）
　　反(陽)：「我達達的馬蹄是美麗的錯誤」
　　正(陰)：「我不是歸人，是個過客」

風格賞析

　　中國的閨怨詩流傳已久，向來多有深深的哀怨情愁。而鄭愁予的〈錯誤〉抒寫思婦因錯認而產生的欣喜與失落之情，雖然承續了傳統閨怨詩的意象，卻給人更多迷離與悵惘的感覺。從材料意象的運用來看，作者以「過客」的口吻來描述這一件「錯誤」，就已經脫離傳統閨怨詩的敘述筆法。其描述過客之「來」，首先營造了「暮春三月，雜花生樹，群鶯亂飛」的江南風光，並以此為背景，烘托出女子「如蓮花開落」的容顏，「蓮花」象徵著思婦的堅貞，而「開落」

則代表著希望的升起與幻滅，這兩行詩刻意低兩格行筆，揭開的序幕，充滿古典江南「煙雨迷濛」的浪漫氛圍。其次，詩人以譬喻的手法，運用多種物象來詮釋思婦的心情：「東風」與「跫音」代表等待的情人，「柳絮」與「春帷」代表思婦本欲飛揚的心，而「寂寞的城」、「青石的街道向晚」、「小小的窗扉緊掩」，景物由大而小、由背景而聚焦，代表著思婦心靈的愈加封閉。這些物象沒有強調思婦的哀愁，卻充滿著寧靜黯淡之感。特別一提的是，倒裝句的使用，如「青石的街道向晚」強調時間，寂寞之感亦隨之拉長；「小小的窗扉緊掩」強調窗扉，思婦無助失落的心靈亦成為焦點。至於「美麗的錯誤」是同一事物的兩個矛盾的概念，這種對襯不在強調等待的哀愁，而在凸顯女子的惆悵與無奈，更添增淒美浪漫之感。

　　從結構表的陰陽動勢來看，底層的「底（陰）→圖（陽）」結構為順向移位，形成陽剛之氣，其力量影響全詩不大。次層的「泛（陰）→具（陽）」結構亦為順向移位，其勢趨於陽剛，而「反（陽）→正（陰）」結構則為逆向移位，其陰柔之勢因本大於同層的陽剛之勢，再以其對比質性，此陰柔之勢更加明顯。上層的「底（陰）→圖（陽）→底（陰）」為核心結構，其趨於陰柔的轉位作用，決定了此詩偏於陰柔風格的主要力量，再結合其餘各層之陰陽動勢，此詩的風格應為「柔中寓剛」的形態。李元洛評曰：

> 鄭愁予的詩素以婉約見長，他的愛情詩更可以說清新
> 婉約，綺思無窮，如這一首詩便是這樣。[36]

鄭愁予早期的作品多能融古典於現代，其詩風有「婉約飄逸」
的韻致，這首〈錯誤〉頗符合他早期的詩風，其筆調輕柔，
材料意象亦顯淒美浪漫，這一齣「美麗而錯誤」的小小插曲，
不帶任何哀愁，卻引來無限的迷離與悵惘。我們以「柔中寓
剛」為基調來詮釋本詩的風格，無論從形象思維或邏輯思維
來看，都很容易感受其婉約風格的內在質素及律動。

三、屬「剛柔相濟」的風格

　　所謂「剛柔相濟」的風格，是指辭章風格中「陽剛之氣」
與「陰柔之氣」的成分接近相等，而呈現「陽剛與陰柔並顯
而相濟」的風格形態。在中學詩歌教材中，屬「剛柔相濟」
之風格者，如陶淵明〈歸園田居〉及〈飲酒之五〉、北朝民
歌〈木蘭詩〉、王之渙〈登鸛雀樓〉、李白〈送孟浩然之廣陵〉、
孟浩然〈過故人莊〉、杜甫〈石壕吏〉、文天祥〈正氣歌〉崔
顥〈黃鶴樓〉、陸游〈書憤〉等。試以「剛柔相濟」的章法
風格為基調，配合意象、修辭與主旨，分析個別的辭章風格
如下。

---

[36] 見《新詩鑑賞辭典》（上海辭書出版社，1991 年 11 月第 1 版），頁
780。

（一）歸園田居

原文

　　種豆南山下，草盛豆苗稀，晨興理荒穢，帶月荷鋤歸。
道狹草木長，夕露沾我衣。衣沾不足惜，但使願無違。

結構分析表

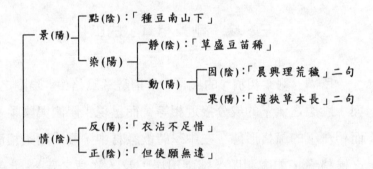

風格賞析

　　這首詩是陶淵明辭官歸隱後的生活寫照，旨在藉由田園
生活的清苦，反襯自己甘於平淡、遠離喧囂的心願。從材料
意象的運用來看，詩人首先描寫田園的躬耕生活：其描繪作
物的具體形象是「草盛豆苗稀」，形容自己的作息是「晨興
理荒穢，帶月荷鋤歸」，敘述深夜歸園的氛圍是「道狹草木

長，夕露沾我衣」，這些景象的描寫在在顯示其生活的清苦
與躬耕的難處。儘管如此，詩人仍不改其隱居田園的初志，
結尾以「但使願無違」明白道出自己甘於清苦平淡的心願，
也讓我們深深瞭解，陶淵明的性格是寧願清苦度日，亦不願
「爲五斗米折腰」。

　　從結構表的陰陽動勢來看，上層的「景（陽）→情（陰）」
結構爲逆向移位，其勢趨於陰柔，而次層的「反（陽）→正
（陰）」結構亦爲逆向移位，其陰柔之勢因對比的質性而更
爲明顯，這兩個結構所形成的陰柔之勢本來已決定此詩的風
格趨向，但是底層的「因（陰）→果（陽）」結構、三層的
「靜（陰）→動（陽）」結構及次層的「點（陰）→染（陽）」
結構皆爲順向移位，其陽剛之勢層層漸強，削弱了陰柔的力
量，使全詩風格呈現幾近「剛柔相濟」的形態。賀新輝評曰：

> 從這首詩可以看出，陶詩在寫景和抒情上有很高的成
> 就。情景交融，一向是詩人所追求的藝術境界。……
> 本詩在寫景抒情中正是達到了「妙合無垠」的藝術境
> 界，看似平淡、清俊，沒有雕琢的痕跡，卻滿蘊著詩
> 人濃烈的感情，很見藝術功力。[37]

這裡所謂「情景交融」、「妙合無垠」的藝術境界，不僅吻合

---

[37] 見《古詩鑑賞辭典》（北京：中國婦女出版社，1988 年 12 月第 1
版），頁 598。

「先寫景後抒情」的結構類型，實際上亦兼具了陽剛與陰柔的美感，這種圓融無鑿痕的藝術特色，適足與「剛柔相濟」的風格內涵相互闡發。

（二）飲酒詩之五

原文

結廬在人境，而無車馬喧。問君何能爾，心遠地自偏。
採菊東籬下，悠然見南山。山氣日夕佳，飛鳥相與還。
此中有真意，欲辨已忘言。

結構分析表

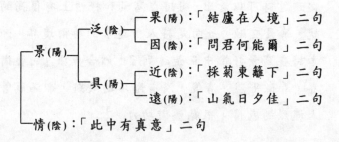

風格賞析

這首詩亦為陶淵明歸隱後的作品。詩人藉飲酒之名，抒

發歸隱生活的悠閒情懷。從材料意象的運用來看，詩人以「結廬在人境」卻無「車馬」的干擾，明示自己不爲富貴榮華所動的「心遠」境界，其運用對襯筆法，凸顯了偏遠與喧鬧的矛盾，卻烘托出詩人超塵絕俗的性格。其次透過田園景物的描寫，具體形容山林生活的安適，所言「採菊東籬下，悠然見南山」，充分展現詩人與自然合而爲一的無我境界。接著寫景由近而遠，詩人遠眺黃昏之山氣，望見群歸之飛鳥，營造出「空闊悠遠」的意象。結句以抒情落筆，其「忘言」之詞，強調閒居田園的「真意」已非筆墨所能形容，全然來自詩人真切的體會，同時也寄託了深刻的哲思。

　　從結構表的陰陽動勢來看，底層的「果（陽）→因（陰）」結構爲逆向移位，帶出陰柔之勢；而「近（陰）→遠（陽）」結構爲順向移位，帶出陽剛之氣，兩個結構的陰陽力度相差不大。次層的「泛（陰）→具（陽）」結構爲順向移位，帶出陽剛之勢，其陽剛的力度漸強。上層的「景（陽）→情（陰）」結構爲逆向移位，其產生的陰柔之氣本可左右全詩的陰陽動勢，又被次層的陽剛之氣所中和，總理各層的陰陽成分，這首詩的風格仍屬於「剛柔相濟」的形態，只是陰柔之氣稍強。李易評論此詩之風格提到：

　　　　此首飲酒詩，記結廬之事，寫田園之景，抒隱居之情，
　　　　以事真、景真、情真而見意之真，以純樸自然、不假
　　　　雕琢的藝術風格，表現了耕隱者生活的一些重要方

面，顯現出詩人歷史、哲學、美學的旨趣和造詣。[38]

陶詩的風格向以「自然渾樸」著稱，此言「純樸自然、不假雕琢的藝術風格」正是此意。就詩的主旨而言，其抒發隱居的悠閒之情，帶出深刻的哲學真意，很能與陶詩「自然渾樸」的風格相稱，而渾融與質樸內在條理，正是一種「剛柔相濟」的律動。

（三）登鸛雀樓

原文

　　白日依山盡，黃河入海流，欲窮千里目，更上一層樓。

結構分析表

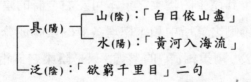

```
        ┌ 具(陽) ┬ 山(陰)：「白日依山盡」
        │        └ 水(陽)：「黃河入海流」
        └ 泛(陰)：「欲窮千里目」二句
```

風格賞析

---

[38] 見《詩詞曲賦名作鑑賞大辭典·詩歌卷》（太原：北岳文藝出版社，1991 年 12 月第 1 版二刷），頁 233。

　　王之渙的〈登鸛鵲樓〉是唐人五絕中的不朽之作。這首詩主要在描寫登臨所見，進而提出「登高才足以望遠」的哲思。從材料意象的運用來看，詩人首先描寫落日西沈、黃河奔騰的開闊景象，短短兩句對句，概括了廣大的山水視野，也營造出雄偉壯闊的氛圍。三、四兩句即景生意，將此詩帶入抽象的思考，卻提升到更高的境界。詩人融合寫景與說理，運用形象思維來呈現抽象哲理，筆觸不落鑿痕，卻帶出作者向上進取、高瞻遠矚的襟懷。

　　從結構表的陰陽動勢來看，底層由山景（陰）寫到水景（陽），其順向移位凸顯陽剛之氣，正與其壯闊的意象吻合。上層由具體景物（陽）寫到抽象思理（陰），其逆向移位帶出陰柔之勢，此陰柔之氣因底層的陽剛之氣而消滅，造成全詩幾近於「剛柔相濟」的風格形態。陳邦炎評此詩云：

> 　　詩的前兩句「白日依山盡，黃河入海流」，寫的是登樓望見的景色，寫得景象壯闊，氣勢雄渾。……而詩人還想進一步窮目力所及，看盡遠方景物，更登上了樓的頂層。詩句看來只是平鋪直敘地寫出了這一登樓的過程，而含意深遠，耐人探索。[39]

其言「景象壯闊，氣勢雄渾」，是這首詩呈現陽剛之氣形象

---

[39] 見《唐詩鑑賞集成・陳邦炎評》（臺北：五南圖書公司，2001 年初版三刷），頁 87。

質素，而「含意深遠，耐人探索」卻是一種屬於陰柔的含蓄美，這種含蓄美本來不比壯闊之氣來得明顯，卻因主旨蘊於含蓄美中而變得重要。可見兩種美感同時並呈在此詩的風格之中，使其「剛柔相濟」的格調有理可據。

（四）黃鶴樓送孟浩然之廣陵

原文

故人西辭黃鶴樓，煙花三月下揚州。
孤帆遠影碧山盡，唯見長江天際流。

結構分析表

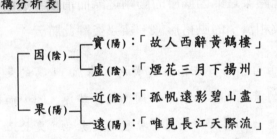

風格賞析

這是一首送別詩，旨在抒發李白送別友人孟浩然的悠蕩情懷。從材料意象的運用來看，首句點明送別題旨，而次句的「煙花三月」帶出優美綺麗的氛圍，在這繁花盛開的三月

天，李白目送友人上船，更目送「孤帆」漸行漸遠，在詩人
的翹首凝望中，孤帆不見了，卻展現一幅更為開闊的江水宏
景，三、四兩句雖從寫景入手，卻隱含著李白對朋友的深情
及嚮往遠處揚州的詩意。這分詩意悠悠蕩蕩，傳遞著詩人的
瀟灑，也蕩漾著詩人的愉悅與暢想。

　　從結構表的陰陽動勢來看，底層的「實（陽）→虛（陰）」
結構為逆向移位，帶出陰柔之勢，而「近（陰）→遠（陽）」
結構所帶出的陽剛之勢仍稍弱同層的陰柔氣勢。上層的「因
（陰）→果（陽）」結構為順向移位，其帶出的陽剛之氣本
可支配全詩的律動，然底層的陰柔之勢尚強，遂削弱了上層
的陽剛之氣，形成整首詩接近「剛柔相濟」的風格形態。余
恕誠分析此詩提到：

> 這首送別詩有它自己特殊的情味。它不同於王勃〈送
> 杜少府之蜀川〉那種少年剛腸的離別，也不同於王維
> 〈渭城曲〉那種深情體貼的離別。這首詩，可以說是
> 表現一種充滿詩意的離別。[40]

王勃〈送杜少府之蜀川〉所呈現的是「海內存知己，天涯若
比鄰」的開闊意境，其風格偏於陽剛；而王維〈渭城曲〉卻
有「勸君更盡一杯酒，西出陽關無故人」的哀悽，其風格則

---

[40] 見《唐詩鑑賞集成·余恕誠評》（臺北：五南圖書公司，2001年初
　　版三刷），頁361。

偏向陰柔。李白寫作此詩所展現的詩意，是從「煙花三月」
的輕柔與「長江天際流」的開闊而來，當然還包括李白隨孟
浩然下揚州而飛翔、蕩漾的情懷。這些意象在在證明其「剛
柔相濟」的風格內涵。

（五）過故人莊

原文

　　故人具雞黍，邀我至田家。綠樹村邊合，青山郭外斜。
　　開筵面場圃，把酒話桑麻。待到重陽日，還來就菊花。

結構分析表

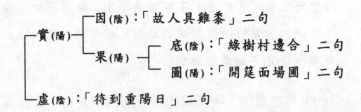

```
          ┌因(陰)：「故人具雞黍」二句
   ┌實(陽)┤
   │      │       ┌ 底(陰)：「綠樹村邊合」二句
   │      └果(陽)┤
 ──┤              └ 圖(陽)：「開筵面場圃」二句
   │
   └虛(陰)：「待到重陽日」二句
```

風格賞析

　　這首詩是孟浩然因故人之邀，寫下拜訪故人受到熱情款
待的溫馨感受。從材料意象的運用來看，詩人先以平淡的筆

調敘事友人熱絡的邀請，「雞黍」、「田家」只是農村的平凡物象，卻給人親切自然的感受。而「綠樹」在村邊圍繞，「青山」在遠郭周匝，詩人所營造的背景，是一種山青水綠、風清氣爽的氛圍。在如此令人神往的田園中，詩人與故友在場圃設筵，而話題又是平凡的「桑麻」農事，令人體會到與世無爭、親切自然的田園生活。這種生活令詩人嚮往，於是以虛筆作結，相約重陽之日，重回農村再敘佳話。整首詩的意象充分展現「平淡自然」的感染力。

　　從結構表的陰陽動勢來看，底層的「底（陰）→圖（陽）」結構為順向移位，其勢趨於陽剛。二層的「因（陰）→果（陽）」結構亦為順向移位，其陽剛之勢漸強。上層的「實（陽）→虛（陰）」結構為逆向移位，其陰柔之勢本為主導風格的力量，而下二層的陽剛之勢將其陰柔的力量削弱，形成整首詩「剛柔相濟」的風格形態。余恕誠評此詩云：

> 一個普通的農莊，一回雞黍飯的普通款待，被表現得
> 這樣富有詩意。描寫的是眼前景，使用的是口頭語，
> 描述的層次也是完全任其自然，筆筆都顯得很輕鬆，
> 連律詩的形式也似乎變得自由和靈便了。你只覺得這
> 種淡淡的平易近人的風格，與他描寫的對象——樸實
> 的農家田園和諧一致，表現了形式對內容的高度適
> 應，恬淡親切卻又不是平淺枯燥。它是在平淡中蘊藏

著深厚的情味。[41]

這裡從局部說點明口語的「自然」、筆調的「輕鬆」、格律的「靈便」，以及整體的「淡淡的平易近人的風格」，這些以形象所描述的感染力量，正是「剛柔相濟」之內在律動的具體展現。詩人的內心，應如此詩剛柔調和的風格一般，顯現其和諧平易的境界。

（六）黃鶴樓

原文

　　昔人已乘黃鶴去，此地空餘黃鶴樓。

　　黃鶴一去不復返，白雲千載空悠悠。

　　晴川歷歷漢陽樹，芳草萋萋鸚鵡洲，

　　日暮鄉關何處是？煙波江上使人愁。

結構分析表

---

[41] 見《唐詩鑑賞集成・余恕誠評》（臺北：五南圖書公司，2001 年初版三刷），頁 110。

```
        ┌ 久(陰):「昔人已乘黃鶴去」四句
  ┌ 景(陽) ┤
  │       └ 暫(陽):「晴川歷歷漢陽樹」二句
  └ 情(陰):「日暮鄉關何處是」二句
```

風格賞析

　　這首詩是崔顥的代表作，也是唐代七律中的絕品[42]。此詩透過登樓所見，抒發今昔之感與思鄉之情，亦隱含詩人懷才不遇的感嘆。從材料意象的運用來看，詩的前四句以攤破格律的方式，敘述黃鶴與神仙的傳說，其筆調流暢自然，亦帶出悠遠茫然的千古之嘆。五、六兩句回歸格律，以對偶筆法描寫江河景致，其「晴川草木」與「萋萋河洲」的摹寫，將先前的茫然之感拉回眼前的現實景物，形成「千古虛景」與「當前實景」的對比，一種今昔交錯的美感油然而生。而「鸚鵡洲」的描寫，乃援引東漢禰衡之事，暗示其懷才不遇之嘆。尾聯以抒情作結，明顯帶出濃厚的思鄉之愁，使詩意又拉回縹緲迷茫的氛圍。

　　從結構表的陰陽動勢來看，底層的「久（陰）→暫（陽）」結構為順向移位，其勢趨於陽剛。上層的「景（陽）→情（陰）」結構為逆向移位，此核心結構的陰柔力量本為全詩風格之主

---

[42] 嚴羽《滄浪詩話》云：「唐人七言律詩，當以崔顥〈黃鶴樓〉為第一。」

調，但是受到底層陽剛之勢的影響，其力度稍減，形成全詩
「剛柔相濟」的風格形態。蔡義江評論此詩之筆法與意境提
到：

> 仙人跨鶴，本屬虛無，現以無作有，說它「一去不復
> 返」，就有歲月不再、古人不可見之憾；仙去樓空，
> 唯餘天際白雲，悠悠千載，正能表現世事茫茫之慨。
> 詩人這幾筆寫出了那個時代登黃鶴樓常有的感受，氣
> 概蒼莽，感情真摯。……（頸聯）忽一變而為晴川草
> 樹，歷歷在目，萋萋滿洲的眼前景象，這一對比，不
> 但能烘染出登樓遠眺者愁緒，也使文勢因此而有起伏
> 波瀾。……末聯以寫煙波江上日暮懷歸之情作結，使
> 詩意重歸於開頭那種渺茫不可見的境界。[43]

其言「氣概蒼莽」、「起伏波瀾」，皆屬陽剛之境界，這是針
對寫景部分的意象風格而言，而開頭的千古懷想與結尾的鄉
關之愁，皆給人「渺茫不可見」之感，則屬於陰柔的格調，
若配合主旨來看，陰柔與陽剛的動勢應並存於此詩之中，其
陰柔之氣稍強，卻是與陽剛之氣均融相濟的形態。

（七）石壕吏

---

[43] 見《唐詩鑑賞集成·蔡義江評》（臺北：五南圖書公司，2001 年初
版三刷），頁 442-443。

原文

　　暮投石壕村，有吏夜捉人。老翁逾牆走，老婦出門看。
吏呼一何怒！婦啼一何苦！聽婦前致詞：「三男鄴城
戍。一男附書至，二男新戰死。存者且偷生，死者長
已矣！室中更無人，惟有乳下孫。有孫母未去，出入
無完裙。老嫗力雖衰，請從吏夜歸。急應河陽役，猶
得備晨炊。」夜久語聲絕，如聞泣幽咽。天明登前途，
獨與老翁別。

結構分析表

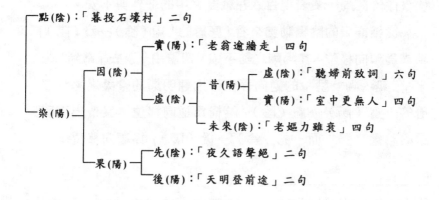

風格賞析

　　這首詩是杜甫著名的「三吏」、「三別」⁴⁴之一，詩人藉由石壕官吏強徵人民戍邊的事件觀察，表現百姓身處戰亂的憂苦。從材料意象的運用來看，作者以「暮投石壕村，有吏夜捉人」點明故事的時空背景，也直接揭開此一事件的序幕。而官吏捉人，老翁踰牆而走，接著又是官吏的吆喝聲與老婦的哀號聲，使現場瀰漫著肅殺陰森的氣氛。其次，透過婦人的敘述，描寫這一家的悽慘景況——早已徵調入伍的三個壯丁，已有兩個戰死沙場，家中僅剩老嫗、媳婦和一個未斷奶的孫兒，而老嫗拗不過官吏的強迫，遂自請赴軍中炊食，才暫時平息這一場官吏強徵民伕的事件，其敘事平實，卻令人聞之顫然。詩人並未描寫後續發展，僅用聽覺摹寫，描繪靜絕的夜裡隱約傳來的嬰兒哭聲，給人一種淒涼絕望之感。等天明啟程，作者寫明「獨與老翁別」，不僅交代了徵伕事件的結局，更表現百姓在戰亂之中的茫然與不安。

　　從結構表的陰陽動勢來看，底層的「虛（陰）→實（陽）」結構為順向移位，其陽剛之勢不強。四層由「過去」寫到「未來」，其「陽→陰」的逆向移位帶出翹明顯的陰柔之勢。三層的「實（陽）→虛（陰）」結構為逆向移位，又帶出更明顯的陰柔之勢；而「先（陰）→後（陽）」為順向移位，其

⁴⁴ 「三吏」指杜甫的〈新安吏〉、〈潼關吏〉、〈石壕吏〉三首，「三別」指〈新婚別〉、〈垂老別〉、〈無家別〉三首。這六首詩是杜甫由洛陽經潼關，準備回華州述職，途中依其所見所聞而寫的，表現了安史之亂期間民間百姓及地方官兵的疾苦。

呈現的陽剛之氣仍小於同一層的陰柔之氣。二層的「因（陰）
→果（陽）」結構及上層的「點（陰）→染（陽）」結構皆為
順向移位，其陽剛之勢本可主導全詩的風格趨向，但經由三
層與四層陰柔之氣的影響，消弱了全詩陽剛的動勢，使整首
詩的風格幾近於「剛柔相濟」的態勢。霍松林談到此詩的藝
術成就曾說：

> 在藝術表現上，這首詩最突出的一點是精煉。陸時雍
> 稱讚道：「其事何長！其言何簡！」就是指這一點說
> 的，全篇句句敘事，無抒情語，亦無議論語；但事實
> 上，作者巧妙地通過敘事抒了情，發了議論，愛憎十
> 分強烈，傾向性十分鮮明。褒貶寓於敘事，既節省了
> 很多筆墨，又毫無概念化的感覺。……正由於詩人筆
> 墨簡潔、洗煉，全詩一百二十個字，在驚人的廣度與
> 深度上，反映了生活中的矛盾與衝突，這是十分難能
> 可貴的。[45]

所謂「簡潔洗煉」的藝術表現，本來就兼具陽剛與陰柔之特
色，再以其平實而中性的敘事筆調，也是一種剛柔調和的筆
勢。這些藝術表現均與「剛柔相濟」之章法風格吻合，可見
用此一基調來詮釋本詩風格之內在條理，是極為合理的。

---

[45] 見《唐詩鑑賞集成・霍松林評》（臺北：五南圖書公司，2001 年初
版三刷），頁 584。

（八）正氣歌

原文

　　天地有正氣，雜然賦流形：下則為河嶽，上則為日星，於人曰浩然，沛乎塞蒼冥。皇路當清夷，含和吐明庭；時窮節乃見，一一垂丹青：在齊太史簡，在晉董狐筆，在秦張良椎，在漢蘇武節；為嚴將軍頭，為嵇侍中血，為張睢陽齒，為顏常山舌；或為遼東帽，清操厲冰雪；或為出師表，鬼神泣壯烈；或為渡江楫，慷慨吞胡羯；或為擊賊笏，逆豎頭破裂。是氣所磅礴，凜烈萬古存。當其貫日月，生死安足論？地維賴以立，天柱賴以尊。三綱實繫命，道義為之根。嗟予遘陽九，隸也實不力。楚囚纓其冠，傳車送窮北。鼎鑊甘如飴，求之不可得。陰房闐鬼火，春院閟天黑。牛驥同一皂，雞棲鳳凰食。一朝蒙霧露，分作溝中瘠。如此再寒暑，百沴自辟易。哀哉沮洳場，為我安樂國！豈有他繆巧？陰陽不能賊。顧此耿耿在，仰視浮雲白，悠悠我心悲，蒼天曷有極！哲人日已遠，典型在夙昔，風簷展書讀，古道照顏色。

結構分析表

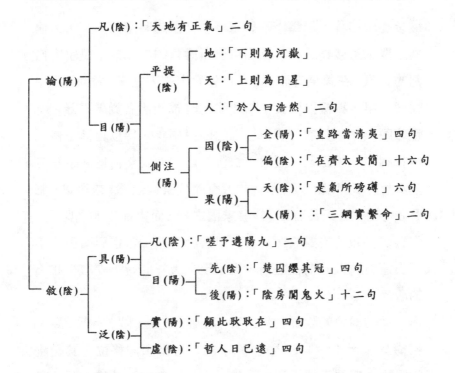

風格賞析

　　這首〈正氣歌〉是文天祥在元朝大都獄中的絕筆之辭。旨在藉其胸中「正氣」的存在，表現其堅毅不屈的高尚氣節。從材料意象的運用來看，全詩分為議論及敘事兩部分。作者首先以「天地有正氣，雜然賦流形」作為議論之綱領，並平提「正氣」充塞於天、地、人之間。其次側注於人事正氣的論述，其援引十二哲人因「正氣」而名垂青史，運用了三種排比句型，使文氣未有凝滯之感，卻造成更多磅礡的氣勢。

最後提出結論，以爲「磅礴正氣」乃超越時空而永存，人倫爲之繫，道義爲其根，點出自己所憑藉的「正氣」是宇宙自然的真氣。在敘事方面，作者首先發出遭囚之嘆，並藉由「牛驥同一皂，雞棲鳳凰食」的巧喻，暗諷統治者賢愚不分，不懂珍視人才。其次說明自己囚居暗獄兩年，得以百沴不侵，全賴胸中一股正氣，居於「沮洳」之中而安然自得。這裡自述身世，筆調較前段平和，並帶有幾分哀淒之感。末段以「悠悠我心悲，蒼天曷有極」抒發家國之悲，而重提哲人之典型，作爲自己效法的對象，其言「風簷展書讀，古道照顏色」不僅表達對古人的嚮往之情，更呈現文天祥此時「安寧平和」的心境。

從結構表的陰陽動勢來看，底層的「全（陰）→偏（陽）」結構及「天（陰）→人（陽）」結構皆爲順向移位，其勢趨於陽剛。四層平提「天」、「地」、「人」爲並列結構，其陰陽之動勢可先略而不論；而「因（陰）→果（陽）」結構及「先（陰）→後（陽）」結構亦爲順向移位，又產生較強的陽剛之氣。三層的「平（陰）→側（陽）」結構及「凡（陰）→目（陽）」結構皆爲順向移位，其產生的陽剛之勢恰與「實（陽）→虛（陰）」結構之逆向移位所產生的陰柔之氣相抵。次層的「凡（陰）→目（陽）」結構爲順向移位，產生陽剛之氣；而「具（陽）→泛（陰）」之逆向移位卻凸顯陰柔之氣，其力度較強於同層的陽剛之氣。上層「論（陽）→敘（陰）」結構因逆向移位而凸顯陰柔的力量，本爲全詩風格之主調，

但底層與四層的陽剛氣勢不容忽略，在削弱陰柔之氣以後，形成全詩「剛柔相濟」的風格形態。

　　歷來評論此詩風格者，多偏重於文天祥堅貞不屈的正氣與剛正不撓的節操而論，如喬曉蓮評此詩云：

> 這首〈正氣歌〉表現了他肝膽相照，正氣凜然，視死如歸，堅貞不屈的高尚氣節與情操，寫得情真意切。……尤其是詩篇所表現的愛國熱情和為民族獻身的精神，將永遠激勵著人們去奮發向上地拼搏。[46]

這種評價，乃著重於「剛正氣節」的意象與「抒發愛國情操」的主旨，往往只看出此詩陽剛氣格的部分。而末段所抒發的悲戚及結句所呈現的平和心境，是此詩展現陰柔的地方。若配合結構表來看，詩的前半段表現磅礴的氣勢，是為陽剛之氣的展現；而後半段趨於理性平和的筆調，抒發向慕古人的心情，則是陰柔之氣的表現。由此可見，此詩陰柔風格的部分不容忽視，我們用「剛柔相濟」的基調來詮釋其風格的內在條理，應比較合理。

（九）書憤

---

[46] 見《詩詞曲賦名作鑑賞大辭典‧詩歌卷》（太原：北岳文藝出版社，1991 年 12 月第 1 版二刷），頁 1233。

原文

早歲那知世事艱？中原北望氣如山。
樓船夜雪瓜洲渡，鐵馬秋風大散關。
塞上長城空自許，鏡中衰鬢已先斑。
出師一表真名世，千載誰堪伯仲間？

結構分析表

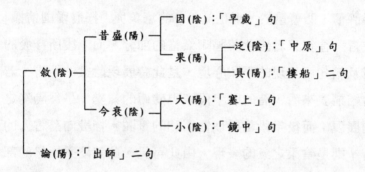

昔盛(陽) ── 因(陰)：「早歲」句
　　　　　├─ 果(陽) ── 泛(陰)：「中原」句
　　　　　　　　　　　└─ 具(陽)：「樓船」二句
敘(陰) ──
　　　　　今衰(陰) ── 大(陽)：「塞上」句
　　　　　　　　　　└─ 小(陰)：「鏡中」句
論(陽)：「出師」二句

風格賞析

　　這首詩是陸游晚年退居山陰家中的作品，旨在透過對往事的追念與感懷，表達重新立誓報國的願望。從材料意象的運用來看，詩人首先描述昔日滿懷壯志、鎮守沙場的盛況，從不知世事險惡、氣盛如山的抽象心情，寫到戍守樓船、馳騁鐵馬的具體景象，充分表現「雄放豪邁」的氣勢。頸聯回

到現實，描寫作者衰老的處境，其「空自許」、「衰鬢」等意象，令人倍感哀嘆與淒涼。然而作者並非嘆老服輸，尾聯援引「出師表」之典故，除了向慕諸葛亮當年誓師北伐的豪情，也同時帶出想要復出報國的願望。

　　從結構表的陰陽動勢來看，底層的「泛（陰）→具（陽）」結構爲順向移位，帶出陽剛之氣。三層的「因（陰）→果（陽）」結構爲順向結構，亦帶出陽剛之氣，而「大（陽）→小（陰）」的逆向移位帶出陰柔之氣，略強於同層陽剛之力度。次層的「盛（陽）→衰（陰）」又是逆向移位再加上此結構的對比質性，其陰柔之氣非常明顯。上層的「敘（陰）→論（陽）」爲順向移位，其產生的陽剛之氣本爲此詩風格之主調，而次層與三層的陰柔之氣不可忽略，消弱了上層陽剛的力度，遂使全詩呈現「剛柔相濟」的風格形態。何滿子分析此詩之辭氣提到：

　　　　全詩感情沈鬱，氣韻渾厚，顯然得力於杜甫。中兩聯屬對工穩，尤以領聯「樓船」、「鐵馬」兩句雄放豪邁，爲人們廣爲傳誦。這樣的詩句出自他親身的經歷，飽含他的政治生活感受，是那些逞才擒藻的作品所無法比擬的。[47]

---

[47] 見《名家鑑賞宋詩大觀》（上海辭書出版社，988 年 5 月香港第 1 版），頁 977。

所謂「感情沈鬱」是偏於陰柔的情調，而「氣韻渾厚」則屬於陽剛的氣象，這兩種形象式的風格述評，恰與章法風格之「剛柔相濟」形態吻合。此外，「樓船」、「鐵馬」所表現的「雄放豪邁」又落在結構表中陽剛之氣的部分，可見我們以「剛柔相濟」的基調來分析此詩之風格，可見出精確的內在條理。

第三節　辭章風格教學的步驟

在確立辭章風格的檢視原則之後，我們也藉由實際作品的風格分析，驗證這些檢視原則的理論價值與實作的可行性。而落到實際風格教學的步驟，則必須從整體角度來把握四個重點：首先，我們要檢視作家的寫作風格，同時要兼顧作家所處的時空與流派來作全面的統整；其次，再根據檢視原則，進行辭章的風格分析；再者，融合辭章風格與其外圍因素如時代、地域、流派、作家等，以印證分析之結果；最後，我們綜理各種內外因素，以確定辭章的風格趨向。茲根據這四項重點，詳述其內容如下：

一、檢視作家風格

作家以個人先天的才氣，決定情性之庸俊；藉後天的學習，熏染氣質之雅俗。然後結合先天與後天的條件，成就個

人之器識。作家器識之優劣，足以影響對宇宙自然、家國社
會的認知。落到辭章之創作，也因爲個人立意、取材及文辭
表現的不同，其風格也大異其趣。由此可知，作家風格與辭
章風格的關係非常密切，兩者互爲表裡，必須相互參證，才
是完整辭章風格的體現。所以，引導學生鑑賞辭章之風格，
必須先瞭解作家的生平，梳理出足以影響作家情性與氣質的
因素，如家學淵源、生命遭遇、時代流轉、地域變遷等，以
確定作家個人的才學、器識與寫作風格，做爲我們分析辭章
風格時的重要參考。

二、進行辭章分析

　　確定作家風格之後，我們可以進行辭章風格的分析。根
據其檢視原則，專意於辭章本身內在因素的探討。包括個別
意象的探索、修辭技巧的分析，藉以提煉辭章風格在形象思
維方面的主觀質素；從字句組織、篇章結構來解析意象的排
列組合，藉以梳理辭章風格在邏輯思維方面的客觀條理；最
後結合主題思想，探討辭章之核心情理與風格的關係；此
外，適度援引傳統印象式、直覺式的風格述評，與我們分析
的結果相互參證，可以更準確地掌握辭章風格的完整面貌，
同時又兼顧傳統的風格論述與新證的風格內在律動，對於引
導學生掌握分析原則、建立鑑賞能力，應有很大的助益。

三、融合寫作背景

　　所謂「寫作背景」是指作家創作辭章的時空環境。這一時空環境包含作家的才學、器識、際遇，以及大環境的時代、地域、流派等背景。作家的才學、器識對於辭章風格的影響已如前述；而際遇的悲或喜、憂或樂、順利或坎坷、平凡或激盪，會影響作家情理的抒發，對於辭章主題的設定有直接關係。主題設定的不同，當然會形成不同的風格。另一方面，時代、地域的差異，作家流派的分野，其形成的時代風格、地域風格和流派風格也不相同。我們在分析辭章風格時，除了專意於辭章本身的內在規律之外，對於作家個人的際遇，以及作家所處的時代、地域，作家所歸屬的流派等外圍因素，也應一併考慮。其外圍因素的考量，可以作為辭章風格分析的佐證，對於風格的掌握應是正面的助益，在實際教學上，也使學生認知到辭章寫作背景的重要。

四、確定風格趨向

　　從作家風格的檢視，到辭章風格的分析，進而融合外圍的寫作背景，我們幾乎可以掌握辭章風格的完整面貌。在上節詩歌風格的分析中，我們運用了傳統印象式的風格述評，作為辭章內在之剛柔律動的佐證，一方面證明其邏輯條理的分析之不誣；另一方面落實在教學上，可以使學生認知到不

同的風格述評，也能使學生分辨形象式之風格品類的剛柔屬性，這是多方面的風格教學模式，對於學生鑑賞能力的訓練是非常有幫助的。

結　語

學生以才性學養之差異，對於辭章的感知能力也參差紛紜。我們試圖建立一個具體可循的風格鑑賞原則，目的在激發學生對於辭章之形象思維與邏輯思維的認知，讓他們對於風格的理解不再如霧裡看花，而是能確實掌握其內在規律，培養有效而具體的鑑賞能力。當然，在實際的風格教學中，面對不同程度的學生，教師對於教學步驟的斟酌調整，仍是必要的。

第五章

辭章風格的教學活動設計

　　辭章風格的教學活動可分為「教學」與「評量」兩個部分，在教學活動方面，又可分為「鑑賞」活動及「寫作」活動；在評量設計方面，則以「選擇題」的題型設計為主。

第一節　風格鑑賞教學的活動設計

　　依現行國文教學的實施，可區分為「準備活動」、「發展活動」、「綜合活動」與「追蹤活動」等四大活動。辭章風格的鑑賞是屬於「綜合活動」的階段。前述第四章已經確立風格教學的具體步驟為「檢視作家風格」、「進行辭章分析」、「融合外圍因素」、「確定風格趨向」。本節針對教學之綜合活動，將辭章風格教學的四大步驟落實於教案設計中，以見其教學活動之梗概。因限於篇幅，僅列舉國中教材之〈夏夜〉及高中教材之〈飲酒詩之五〉為例，設計教案如下。

　　一、〈夏夜〉之風格教學活動設計

單元名稱	夏 夜	班級	七年二班	人數	30
教材來源	翰林版國中國文第一冊	指導教師	蒲基維	時間	50分鐘
教材研究	〈夏夜〉一詩是童詩，其意象活潑生動，充滿想像之逸趣，屬於「剛中寓柔」的風格形式。				
學生條件分析	這一班級是剛從小學畢業的七年級學生，以其十三歲的年齡與心智，對於抽象風格感受較弱，必須用具體意象加以引引導，才能收教學之效。				
教學方法	課文結構講解、引導鑑賞、心得分享				
教學資源	課本、字詞卡、結構分析表投影片				

	單 元 目 標	具 體 目 標
教學目標	一、認知方面 1.能瞭解作家風格。 2.能瞭解辭章的取材意象。 3.能辨析重要的修辭美感。 4.能理解詩的結構布局。 二、能力方面 5.培養材料意象的辨識能力。 6.培養鑑賞能力。 三、情意方面 7.能感受詩的情意內涵。 8.能感受詩的風格與美感。	1-1 能瞭解作家生平。 1-2 能說出作家風格。 2-1 能說出材料的意象。 2-2 能辨識意象風格。 3-1 能說出修辭類型。 3-2 能瞭解修辭的美感效果。 3-3 能辨識修辭風格。 4-1 能瞭解詩的結構。 4-2 能分辨詩的陰陽動勢。 4-3 能辨識詩的章法風格。 5-1 能理解作者取材的用意。 5-2 能辨識材料的意象。 6-1 能掌握詩的鑑賞原則。 6-2 能實際鑑賞詩歌。 7-1 能掌握詩的主旨。 7-2 能體會詩的主題風格。 8-1 能感受詩的風格之美。 8-2 能培養詩歌鑑賞的興趣。

時間分配	節	月	日	教 學 重 點
	4			（一）檢視作家風格　（二）進行辭章分析 （三）融合寫作背景　（四）確定風格趨向

教學目標	教　學　活　動	教具	時間	評量	備註
	※綜合活動		[50]		
1-1	一、介紹作者生平，並強調足以影響其個人風格的事蹟或經歷。	板書補充	5'		
	1.童年生活不幸，反以純真的詩心，對抗生命的悲苦。				
	2.早年隨部隊來台，曾任陸軍上士文書。				
	3.民國四十三年，因車禍喪生，得年二十五歲。			1-1達成	
1-2	二、由楊喚生平際遇與性格，透視其風格趨向。		3'		
	→熱愛生命、性情真摯誠懇			1-2達成	
2-1	三、辨識〈夏夜〉材料意象：	字詞卡	5'		
	1.蝴蝶、蜜蜂、羊隊、牛群、火紅的太陽：用於夜來之背景，營造輕快自然的感覺。				
	2.「夜」輕輕地爬下來：靈巧而親切，				
	3.小雞、小鴨、小弟弟、小妹妹、山巒、田野：描寫自然與人事的種種睡態，表現夏夜的寧靜。				
	4.南瓜、藤蔓、小河、夜風、螢火蟲：描寫自然景物的動態，表現夏夜的靈動之美。			2-1達成	
2-2	四、辨識意象風格：每一種物象，都充滿靈動活潑的感染力。		2'	2-2達成	
3-1	五、找出特殊修辭並說明美感	修辭卡	3'		

3-2	效果：			
	1.擬人：全詩的物象均被作者擬人化了，營造了親切的感染力，其筆調亦顯自然。			
	2.譬喻：以「珍珠」、「銀幣」比喻星星和月亮，使星空的形象更加閃動亮麗。			
	3.呼告：「美麗的夏夜啊！涼爽的夏夜啊！」有加強印象表達對夏夜的熱愛之情。			3-1 達成 3-2 達成
3-3	六、辨識修辭風格：		2'	
	1.擬人法的運用最易形成「親切自然」的風格。本詩之物象彷彿與讀者對話，拉近了不少距離。			
	2.譬喻法使物象更加鮮明，其閃動亮麗之感又增加鮮豔穠麗的色彩。			
	3.呼告修辭容易營造激昂的氛圍。			3-3 達成
4-1	七、分析詩的結構：見附錄結構表。	結構表投影片	8'	
	1.以蝴蝶、蜜蜂等物象作為背景，描寫夜來之前的騷動，具烘托之效。			
	2.自然與人事的交錯描寫，具和諧之美感。			
	3.有抽象的呼告，也有具象的寫景，層次非常鮮明。			
	4.景物描寫有動態和靜態，形成強烈的對比。			4-1 達成
4-2	八、分辨結構表的陰陽動勢：		3'	
	1.底層凸顯陽剛之氣。			
	2.三層的陰柔之氣稍強。但不足以主導全詩風格。			
	3.次層陽剛之氣又強。			4-2 達成

4-3	4.上層陽剛之氣最強。		3'	
5-1 5-2	九、確定詩的章法風格： 　本詩為「剛中寓柔」的風格形態。	板書補充	3'	4-3 達成
6-1 6-2	十、理解作者取材的用意，並培養辨識材料意象的能力： 　詩人選用自然和人事的景物，並將它們擬人化，是童詩固有的特質，作者發揮靈動的想像力，目的就是要塑造夏夜清新而活潑的氛圍。	板書補充	3'	5-1 達成 5-2 達成
7-1 7-2	十一、掌握詩風格的鑑賞原則，並實際鑑賞詩歌： 　1.檢視作家風格：楊喚為童詩代表作家。 　2.進行辭章分析：意象、修辭、章法、主題等。 　3.融合外圍因素：含作家、時代、流派、地域等因素。 　4.確定風格趨向：天真爛漫、生動活潑。	板書補充	5'	6-1 達成 6-2 達成
8-1 8-2	十二、引導學生確定詩的情意，並深刻體會主題風格： 　本詩旨在歌頌夏夜的美好，其主題呈現的是清新自然、生動活潑的格調。	板書補充	5'	7-1 達成 7-2 達成
	十三、統整局部風格，確定整體風格的趨向： 　這首詩所使用的材料蘊含親切、活潑的感染力，再加上描寫夏夜之美的主題，使全詩具有和諧的美感，更具有輕快活潑的律動。			8-1 達成 8-2 達成

附錄:〈夏夜〉結構分析表

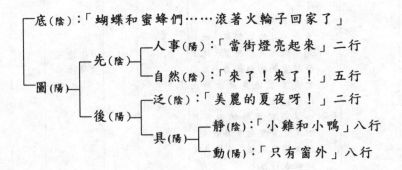

二、〈飲酒詩之五〉之風格教學活動設計

單元名稱	飲酒詩之五	班級	高二恭班	人數	40人
教材來源	東大版高中國文第三冊	指導教師	蒲基維	時間	50分鐘
教材研究	〈飲酒詩之五〉是陶淵明歸隱田園時的作品,全詩抒發隱居生活的真趣,充滿悠閒自然的美感。				
學生條件分析	高二學生的閱歷較為豐富,這一班又是文組的學生,可以進行較為抽象的思維引導,並可教授更深的風格規律。				

教學 方法	課文結構講解、引導鑑賞、心得分享				
教學 資源	課本、字詞卡、修辭卡、結構分析表投影片				
教 學 目 標	單　元　目　標			具　體　目　標	
	一、認知方面 　　1.能瞭解作家風格。 　　2.能瞭解辭章的取材意象。 　　3.能辨析重要的修辭美感。 　　4.能理解詩的結構布局。 二、能力方面 　　5.培養材料意象的辨識能力。 　　6.培養鑑賞能力。 三、情意方面 　　7.能感受詩的情意內涵。 　　8.能感受詩的風格與美感。			1-1 能瞭解作家生平。 1-2 能說出作家風格。 2-1 能說出材料的意象。 2-2 能辨識意象風格。 3-1 能說出修辭類型。 3-2 能瞭解修辭的美感效果。 3-3 能辨識修辭風格。 4-1 能瞭解詩的結構。 4-2 能分辨詩的陰陽動勢。 4-3 能辨識詩的章法風格。 5-1 能理解作者取材的用意。 5-2 能辨識材料的意象。 6-1 能掌握詩的鑑賞原則。 6-2 能實際鑑賞詩歌。 7-1 能掌握詩的主旨。 7-2 能體會詩的主題風格。 8-1 能感受詩的風格之美。 8-2 能培養詩歌鑑賞的興趣。	
時 間 分 配	節	月	日	教　學　重　點	
	4			（一）檢視作家風格　　（二）進行辭章分析 （三）融合寫作背景　　（四）確定風格趨向	

教學目標	教　學　活　動	教具	時間	評量	備註
	※綜合活動		[50]		
1-1	一、介紹陶淵明生平,並強調 　　足以影響其個人風格的 　　事蹟或性格。 　　1.四十歲以前時官時隱的 　　　際遇。 　　2.不喜歡官場逢迎拍馬的 　　　文化。 　　3.晚年隱居田園的適志與 　　　寧靜。	課本 板書補充	5'		
1-2	二、由陶淵明生平際遇與性 　　格,透視其風格趨向。 　　→恬淡、自然、率真		3'	1-1達成 1-2達成	
2-1	三、辨識材料意象: 　　1.車馬喧:象徵官場與世俗 　　　的紛擾。 　　2.採菊:象徵悠閒自得的生 　　　活。 　　3.見南山:表達「物我」合 　　　一的心境。 　　4.山氣、飛鳥:以景物之空 　　　曠,表達心境之悠然。	字詞卡	5'	2-1達成	
2-2	四、辨識意象風格: 　　超塵絕俗、空闊悠遠。		2'	2-2達成	
3-1 3-2	五、找出特殊修辭並說明美感 　　效果: 　　1.提問:「問君」二句強調 　　　印象,並增加詩人與讀者 　　　之間的親切感。 　　2.頂針:「見南山,山 　　　氣……」,形成意象的連 　　　結,讓「我」與「物」合 　　　而為一。 　　3.象徵:「飛鳥」象徵詩人從 　　　百般束縛的官場,回歸到	修辭卡			

		自由自在之田園生活的喜樂。		3-1 達成 3-2 達成
3-3	六、辨識修辭風格： 　1.提問修辭可以增加親切感，營造自然之風。 　2.頂針修辭造成意象的連結，使物象有連綿之感。 　3.象徵修辭通常可以營造「含蓄」之風，此處又以飛鳥來作象徵，更有「悠遠」之致。		5'	3-3 達成
4-1	七、分析詩的結構： 　見附錄結構表。 　1.寫景部分先由抽象之筆法，表達「心遠地自偏」的觀點，再具體描寫遠近之景色，層次非常鮮明。 　2.抒情部分有正反對比，凸顯「真意」之難辨，也提升詩的意境。	結構分析表投影片	8'	4-1 達成
4-2	八、分辨結構表的陰陽動勢： 　1.底層陰柔之勢較強。 　2.次層呈現陽剛之勢。 　3.上層的陰柔之勢最強。	板書補充	3'	4-2 達成
4-3	九、確定詩的章法風格： 　本詩為「剛柔相濟」的風格形態。		3'	4-3 達成
5-1 5-2	十、理解作者取材的用意，並培養辨識材料意象的能力： 　詩人選用自然景物來表現悠閒的隱居情趣，可以見出詩人熱愛田園、甘於平淡的心志。		3'	5-1 達成 5-2 達成
6-1 6-2	十一、掌握詩風格的鑑賞原則，並實際鑑賞詩歌： 　1.檢視作家風格。 　2.進行辭章分析：意象、修	板書補充	3'	

	辭、章法、主題等。 3.融合外圍因素:含作家、時代、流派、地域等因素。 4.確定風格趨向。			6-1達成 6-2達成	
7-1 7-2	十二、引導學生確定詩的情意,並深刻體會主題風格: 作者藉飲酒之名,抒發田園生活中遠離名利、悠然自得的心境。其立意超遠,並有清新自然與悠遠的美感。	板書補充	5'	7-1達成 7-2達成	
8-1 8-2	十三、統整局部風格,確定風格趨向: 整首詩有「清新自然」風格,而在形式與內容上也達到了「和諧統一」的美感。	板書補充	5'	8-1達成 8-2達成	

附錄:〈飲酒詩之五〉結構分析表

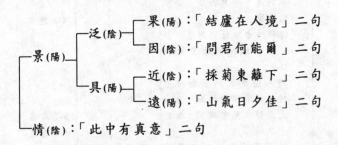

景(陽)—泛(陰)—果(陽):「結廬在人境」二句
　　　　　　　　因(陰):「問君何能爾」二句
　　　具(陽)—近(陰):「採菊東籬下」二句
　　　　　　　　遠(陽):「山氣日夕佳」二句
情(陰):「此中有真意」二句

第二節　風格寫作教學的活動設計

　　寫作教學當以「能力」為主軸，並由局部、單一之能力，逐步訓練到整體、綜合之能力。使學生從實作中學習，逐漸建立完整的寫作能力，並學會如何運用不同材料來寫出不同風格的作品。

寫作訓練一：辨識材料意象的風格

　　　請仔細理解表格中各組材料的內在情理，並寫出這些材料的情理所蘊含的風格。

參考答案：壯闊雄偉、質樸自然、柔媚可愛、豪放飄逸、陰
　　　　　冷幽暗、穠豔華麗

材　料　意　象	風　格
玉山、阿里山、日月潭、大甲溪	
桃花、蝴蝶、美人、鞦韆、羅扇	
緊掩的窗扉、青石街道、黃昏	

※思路引導：

　　這一題目是在訓練學生取材能力和辨識意象風格的能

力。不同的材料，會給人不同的情意感受。第一組「玉山、阿里山、日月潭、大甲溪」都是屬於開闊的山水景物，容易形成「壯闊雄偉」的風格；第二組「桃花、蝴蝶、美人、鞦韆、羅扇」都是閨閣女性身邊的事物，容易營造「柔媚可愛」的感染力；第三組「緊掩的窗扉、青石街道、黃昏」屬於陰暗閉塞的空間，容易形成「陰冷幽暗」的氛圍。

寫作訓練二：遣詞造句辨風格

下列是一般的平鋪直敘的語句，請運用「疊字」修辭改寫，營造不同的修辭風格：

敘　事　句	修　辭　句
我不禁滿身大汗而淚流滿面。	我不禁汗涔涔而淚潸潸了。
天空下起雨來，把我都淋濕了。	
陽光很烈，曬得我全身發燙。	

※思路引導：

這一題目是在訓練學生的修辭能力，並且學會運用修辭以營造不同的修辭風格。「疊字」修辭是利用字詞的重複，

以加強讀者對於事物的印象，同時又能營造特殊的節奏感。
「天空下起雨來，把我都淋濕了。」如果加上疊字，可以變
成「天空淅瀝瀝地下起雨，把我淋得濕達達的」。第二題「陽
光很烈，曬得我全身發燙。」如果加上疊字，可以變成「火
辣辣的太陽，曬得我皮膚紅烙烙的」。

寫作訓練三：謀篇布局創風格

> 　　請以「記遊」為主題，寫作一篇結構完整、主旨明確的
> 文章。
> 　一、請以散文體裁寫作，勿用新詩或小說來創作。
> 　二、請同時列出簡略的寫作大綱。
> 　三、文長在四〇〇～六〇〇字之間。

※思路引導：

　　這一題目的設計是在凸顯謀篇能力的訓練，並運用不同
的結構布局，營造不同的辭章風格。這一題目以「記遊」為
主題，通常會出現「敘論法」或「情景法」的結構布局。一
般而言，「先敘事後議論」的結構形式容易塑造理性的思維，
會形成陽剛的風格；「先寫景後抒情」的結構形式容易塑造
感性的思維，會形成陰柔的風格。如果再進一步運用「敘事
→議論→敘事」，可能在理趣的思維之中，更增加親切感，
使文章呈現「剛柔相濟」的風格形式；至於「寫景→抒情→

寫景」的結構形式，可能強化客觀寫景的成分，同樣容易營造「剛柔相濟」的風格。教師在引導學生寫作此題時，可以簡略說明「不同結構形式可能造成不同風格」的概念，讓學生有具體可循的方向，其教學效果會更好。

寫作訓練四：綜合訓練

> 人類的情緒是多元的，有時悲傷，有時歡笑，有時憤怒，有時快樂。請你運用適當材料，利用寫景或敘事的方式，來表達你個人的某種情緒。
>
> 一、篇幅安排請以寫景或敘事為多，抒情為少。
>
> 二、文章必須分段，不得以詩歌形式書寫。
>
> 三、文長在四〇〇～六〇〇字之間。

※思路引導：

這一題目是在訓連學生的立意能力和綜合能力。在寫作中，表現不同的情緒，可以運用不同的材料來表達。例如悲傷可用「風雪」、「陰暗的角落」、「淫雨霏霏」等物象來傳情，歡笑、快樂可以用「氣球」、「陽光」等物象來表達，而表現憤怒的情緒，則可以用「火山」、「海嘯」或「龍捲風」等物象來表達。再加上不同的主題，不同的謀篇布局，都可能造成不同的風格。教師可以藉由這幾種概念來引導學生，使他們寫出獨特風格的文章。

第三節 風格評量教學的活動設計

　　風格教學的評量設計是屬於國文教學四大活動中的「追蹤活動」，即利用評量來檢視學生對於風格鑑賞的學習成果，並根據評量成績來修正教學方法，或從事補救教學的活動。本節以「四選一」的單選題爲例，針對「辭章風格」、「作家風格」與「時代、流派、地域風格」等項，分述如下。

一、關於辭章風格的評量設計

　　辭章風格的類型非常多樣，我們在設計其評量題目時，可以就「剛中寓柔」、「柔中寓剛」及「剛柔相濟」三種基本類型來命題，而列出辭章內容，讓學生來辨識其風格類型，應是較好的命題方式。以下是命題之範例：

1. 下列四首詩中所呈現的情意，何者可以感受到「雄偉壯闊」的風格？

   (A) 玉階生白露，夜久浸羅襪，卻下水晶簾，玲瓏望秋月。

   (B) 山中相送罷，日暮掩柴扉；春草年年綠，王孫歸不歸？

   (C) 明月出天山，蒼茫雲海間；長風幾萬里，吹度玉門關。

   (D) 美人捲珠簾，深坐顰蛾眉；但見淚痕濕，不知心恨誰？

答案：(C)

解析：

這一題目要求學生找出「雄偉壯闊」風格的作品，主要是在評量其對於「剛中寓柔」之辭章風格的認知。**(A)**選項是李白的〈玉階怨〉，在表達思婦的等待之情，風格趨於哀怨淒憐；**(B)**選項是王維的〈送別〉，主要在表達送別之情，呈現的是愁緒纏綿的風格；**(C)**選項節錄自李白的〈關山月〉，主要在描寫塞外邊疆的景色，其雄偉壯闊之感非常明顯；**(D)**選項是李白的〈怨情〉，也在表達怨婦的愁恨，同樣是哀怨纏綿的氛圍。所以答案選**(C)**。

2. 下列四首詩中所呈現的情意，何者可以令人感受到「疏淡自然」的風格？

　　(A) 寒雨連江夜入吳，平明送客楚山孤；洛陽親友如相問，一片冰心在玉壺。

　　(B) 獨憐幽草澗邊生，上有黃鸝深樹鳴；春湖帶雨晚來急，野渡無人舟自橫。

　　(C) 岐王宅裡尋常見，崔九堂前幾度聞；正是江南好風景，落花時節又逢君。

　　(D) 落魄江湖載酒行，楚腰纖細掌中輕；十年一覺揚州夢，贏得青樓薄倖名。

答案：**(B)**

解析：

這一題目要求學生辨識出「疏淡自然」風格的作品，主要在評量其對於「柔中寓剛」之辭章風格的認知。**(A)**選項選

自王昌齡〈芙蓉樓宋辛漸〉，表現的是送別的情境，從材料意象和主題可以感受到孤冷淒清的氛圍；(B)選項選自韋應物〈滁州西澗〉，其如詩如畫的山水景致，正可表現「疏淡自然」之風；(C)選項選自杜甫〈江南逢李龜年〉，主要在抒發對時代盛衰與晚年流浪之感慨，其今昔對比帶出「淒涼抑鬱」的風格；(D)選項選自杜牧〈遣懷〉，旨在追憶昔日落魄揚州的生活，其放浪生活的描寫充滿「悔恨感傷」的情緒。所以答案選(B)。

3. 下列所節錄的四首現代詩中，其呈現的情意，何者可以令人感受到「古樸典雅」的風格？

(A) 南朝的時候／我打此經過／寫了幾首詩／和女子調笑／他們戲稱我為／帝王。歷史要數說我／亡國的罪愆／但是／我的罪／何止亡國

(B) 我大清早起／站在人家屋角啞啞的啼／人家討嫌我，說我不吉利／我不能呢呢喃喃討人家的歡喜／天寒風緊／無枝可棲

(C) 感謝你們／對於我／小小的存在／還報予／生命最熱烈的／掌聲

(D) 來自石頭的族群／雖然被騷人墨客／請入書齋／視為上賓／始終還不是／不改其石頭的本性

答案：(A)

解析：

這一題目要求學生找出「古樸典雅」風格的作品，主要是在評量其對於「剛柔相濟」之辭章風格的認知。**(A)**選項節錄自蔣勳〈南朝的時候〉，其歌詠古人古事，明顯有「古樸典雅」之風；**(B)**選項節錄自胡適〈老鴉〉，其自我解嘲充滿「詼諧戲謔」之趣；**(C)**選項節錄自李瘦蝶〈蚊子〉，一反我們對於蚊子的負面形象，此詩所展現的是「生動活潑」的意境；**(D)**選項節錄自文曉村〈文房四寶〉，其歌詠硯臺，遣詞用字都相當「平整沈穩」。所以答案選**(A)**。

二、關於作家風格的評量設計

作家風格來自於作家的才氣與學識，也直接影響辭章風格的趨向。我們在評量學生對於作家風格的瞭解程度，可以運用辭章來反推作家的風格，如此可以深入瞭解辭章風格的內涵，更能緊密結合辭章與作家之關係。試舉杜甫、蘇軾、辛棄疾和徐志摩為例，設計評量題目如下：

1. 杜甫詩歌向來有「沈鬱頓挫」之美，下列詩歌，何者最能代表這種風格？

   (A) 錦里先生烏角巾，園收芋栗未全貧。慣看賓客兒童喜，得食階除鳥雀馴。秋水才深四五尺，野航恰受兩三人。白沙翠竹江村暮，相送柴門月色新。

   (B) 好雨知時節，當春乃發生。隨風潛入夜，潤物細無聲。

野徑雲俱黑，江船火獨明。曉看紅濕處，花重錦官城。

(C) 舍南舍北皆春水，但見群鷗日日來，花徑不曾緣客掃，蓬門今始為君開。盤飧市遠無兼味，樽酒家貧只舊醅。肯與鄰翁相對飲，隔籬呼取盡餘杯。

(D) 國破山河在，城春草木深，感時花濺淚，恨別鳥驚心。烽火連三月，家書抵萬金。白頭搔更短，渾欲不勝簪。

答案：**(D)**

解析：

　　這一題目是藉由閱讀杜甫詩來辨識其「沈鬱頓挫」的風格，可以評量學生對於杜甫生平際遇的熟悉程度，同時也檢視學生知否運用材料、主旨以檢視風格的原則。**(A)**選項為杜甫〈南鄰〉詩，是他作客南鄰所寫下的山莊訪隱圖，顯現其「恬淡清幽」的風格；**(B)**選項是〈春夜喜雨〉詩，旨在描寫春夜雨景，抒發喜悅的心情，其藉景抒情的筆調，充分展現靈動活悅的特色；**(C)**選項是〈客至〉詩，是杜甫寓居浣花溪草堂因摯友來訪所寫下的動人紀事。全詩描寫客至的情景，顯得「自然率真」；**(D)**選項是〈春望〉詩，是杜甫親逢安史之亂，身處長安，與妻兒仳離時所寫下的感恨詩。其感情濃烈，氣度渾澔，正是其「沈鬱頓挫」之風格的代表詩作。所以答案選**(D)**。

2. 蘇軾是「豪放」詞風的開創者，但是其詞仍不乏柔媚婉約的作品，下列所節錄的詞作，何者表現出蘇軾「柔媚婉約」

的詞風？

(A) 去年相送，餘杭門外，飛雪似楊花。今年春盡，楊花似雪，猶不見還家。　對酒捲簾邀明月，風露透窗紗。恰似姮娥憐雙燕，分明照，畫梁斜。

(B) 春未老，風細柳斜斜。試上超然臺上作，半壕春水一城花。煙雨暗千家。　寒食後，酒醒卻咨嗟，休對故人思故國，且將薪火試新茶，詩酒趁年華。

(C) 一千頃，都鏡淨，倒碧峰。忽然浪起，掀舞一葉白頭翁。堪笑蘭臺公子，未解莊生天籟，剛道有雌雄。一點浩然氣，千里快哉風。

(D) 歸去來兮，清谿無底，上有千仞嵯峨。畫樓東畔，天遠夕陽多。老去君恩未報，空回首，彈鋏悲歌。虹頭轉，長風萬里，歸馬駐平坡。

答案：**(A)**

解析：

　　這一題目是在評量學生辨識東坡詞風格的能力。**(A)**選項〈少年遊〉在表現送別之情，是蘇軾婉約詞的代表作；**(B)**選項是〈望江南〉，寫的是超然臺的景致，充滿曠達之氣；**(C)**選項是〈水調歌頭〉，是蘇軾為黃州快哉亭所作，其恢闊雄偉的感染力非常明顯；**(D)**選項是〈滿庭芳〉，為蘇軾告別黃州的作品，其景物描寫與情意表達都呈現峻闊之感。所以答案選**(A)**。

3. 辛棄疾的詞風具有多樣面貌，有些是疏淡自然，有些是慷慨悲憤，有些則是清新婉約，下列辛詞中，何者屬於「疏淡自然」的風格？

(A) 少年不識愁滋味，愛上層樓。愛上層樓，為賦新詞強說愁。　而今識盡愁滋味，欲說還休。欲說還休，卻道天涼好個秋。

(B) 醉裡挑燈看劍，夢回吹角連營。八百里分麾下炙，五十絃翻塞外聲。沙場秋點兵。　馬作的盧飛快，弓如霹靂弦驚。了卻君王天下事，贏得生前身後名，可憐白髮生。

(C) 明月別枝驚鵲，清風半夜鳴蟬。稻花香裡說豐年，聽取蛙聲一片。　七八個星天外，兩三點雨山前。舊時茅店社林邊，路轉溪橋忽見。

(D) 何處望神州？滿眼風光北固樓。千古興亡多少事，悠悠，不盡長江滾滾流。　年少萬兜鍪，坐斷東南戰未休，天下英雄誰敵手？曹劉，生子當如孫仲謀。

答案：(C)

解析：

　　(A)選項〈醜奴兒〉是辛棄疾閒居帶湖的作品，其表現生活的辛酸充滿深沈含蓄之感；(B)選項的〈破陣子〉則表現了辛棄疾的愛國熱忱與現實的憤懣，展現其慷慨激昂的氣勢；(C)選項的〈西江月〉是辛棄疾描寫農村景色的代表作，確實呈現疏淡自然的風格；(D)選項的〈南鄉子〉藉懷古抒發家國

興亡之感，也是展現其豪邁雄放的氣魄。所以答案選(C)。

4. 下列有關徐志摩之個人風格的敘述何者正確？

(A) 其出身貧寒家庭，性格偏向拘泥孤傲，後接收新文化才逐漸擺脫拘滯的思維。

(B) 在英國康橋期間，吸取了此地文化的洗禮，對於其浪漫情懷與理性思維有深遠影響。

(C) 因為自我意識強烈，再加上寫詩不拘格套，極力反對當時的格律詩派的作詩風格。

(D) 徐志摩寫詩充滿溫婉柔媚的情味，散文則一反詩風，呈現辛辣的風格。

答案：**(B)**

解析：

　　這一題目是在評量學生對於徐志摩之作家風格的瞭解。**(A)**選項應是家境富裕，其性格亦無孤傲拘泥之氣；**(C)**選項中徐志摩應是三〇年代格律詩派的代表人物；**(D)**選項中徐志摩的散文親切自然，並無辛辣之風。所以答案選**(B)**。

三、關於時代、流派及地域風格的評量設計

　　本節就時代、流派、地域之不同所形成的迥異風格，個別設計其評量題目如下：

1. 近體詩在唐代與宋代的發展軌跡不同，因主題與表現技巧

的迥異，各形成不同的風格。一般而言，唐詩主情韻，風格趨於感性；而宋詩主議論，風格偏於理性。下列作品何者是屬於宋詩的風格。

(A) 楊柳渡頭行客稀，罟師盪槳向臨沂。惟有相思似春色，江南江北送君歸。

(B) 昨夜江邊春水生，艨艟巨艦一毛輕。向來枉費推移力，此日中流自在行。

(C) 五陵年少金市東，銀鞍白馬度春風。落花踏盡遊何處，笑入胡姬酒肆中。

(D) 天街小雨潤如酥，草色遙看近卻無。最是一年春好處，絕勝煙柳滿皇都。

答案：(B)

解析：

　　這一題目是在評量學生認識近體詩因時代之不同所形成的不同風格。(A)選項是王維〈送沈子福歸江東〉，其傳達的離愁別情，特別有豐縟華贍的韻味；(B)選項是朱熹〈觀書有感〉，藉行船作喻，說明條件成熟，才能功到自然成之理，充滿宋詩之理趣；(C)選項是李白〈少年行之二〉，其描寫五陵少年意氣風發的神態，表現作者的人生形象，深具昂揚之氣是；(D)選項是韓愈〈早春呈水部張十八員外之一〉，其描寫滿城煙柳的長安景色，頗有清新溫潤之感。所以答案選(B)。

2. 唐宋詞向來有「婉約」與「豪放」之別，下列四闋詞中，

何者屬於「婉約」之詞風？

(A) 金風細細，葉葉梧桐墜。綠酒初嘗人易醉。一枕小窗
濃睡。　　紫薇朱槿花殘，斜陽卻照闌干，雙燕欲歸
時節，銀屏昨夜微寒。

(B) 老夫聊發少年狂，左牽黃，右擎蒼，錦帽貂裘，千騎
捲平岡。為報傾城隨太守，親射虎，看孫郎。

(C) 千古江山，英雄無覓，孫仲謀處。舞榭歌臺，風流總
被、雨打風吹去。斜陽草樹，尋常巷陌，人道寄奴曾
住。想當年，金戈鐵馬，氣吞萬里如虎。

(D) 綠楊巷陌秋風起，邊城一片離索。馬嘶漸遠，人歸甚
處，戍樓吹角。情懷正惡，更衰草寒煙淡薄。似當時、
將軍部曲，迤邐度沙漠。

答案：**(A)**

解析：

　　這一題目是在評量學生辨識婉約詞派與豪放詞派的不
同風格。**(A)**選項是晏殊〈清平樂〉，其景物描寫充分表現婉
約詞派應有的柔媚風格；**(B)**選項節錄自蘇軾〈江城子〉，其
描寫的射獵情景，表現出豪邁的氣勢；**(C)**選項節錄自辛棄疾
〈永遇樂〉，這裡的江山之景與今昔之感，也是屬於雄壯豪
邁的風格；**(D)**選項節錄自姜夔〈淒涼犯〉，這裡的景物描寫，
營造出冷峻高遠之風。所以答案選**(A)**。

3. 南北朝民歌因為地域環境與風俗習慣的不同，造成其迥異

的風格。一般而言，北朝民歌較為豪邁奔放，而南朝民歌較為柔媚含蓄。下列何者屬於南朝民歌「柔媚含蓄」的風格？

(A) 男兒須作健，結伴不須多，鷂子經天飛，群雀兩相波。

(B) 驅羊入谷，白羊在前，老女不嫁，蹋地喚天。

(C) 門前一株棗，歲歲不知老。阿婆不嫁女，哪得孫兒抱。

(D) 秋風入窗裡，羅帳起飄揚，仰頭看明月，寄情千里光。

答案：(D)

解析：

　　這一題目是在評量學生認識南北朝民歌因地域、風俗之不同，所產生不同風格的詩歌。(A)選項是北朝的〈企喻歌〉，主要在摹寫男子以豪勇為榮的心理，表現豪邁之氣；(B)選項是北朝的〈地驅樂歌〉，其表達的女子悲憤，充滿慷慨之氣；(C)選項是北朝的〈折楊柳枝歌〉，是母親對女兒企盼出嫁的心情描寫，表露得非常直接；(D)選項是南朝的〈子夜四時歌〉，其綺思艷語充滿旖旎情致。所以答案選(D)。

結　語

　　教學活動是理論建構之後的實踐程序，在辭章風格教學的理論基礎之上，我們運用教學活動以落實教學效果，更藉以檢視理論與原則的完整性與可行性。透過鑑賞教學、寫作教學及評量教學的活動設計，我們夠能確定辭章風格教學的

可行性，其教學原則的實踐，更有助於教師引導學生建立辭
章的鑑賞能力，並能體會辭章之美。

第六章

結論

　　語文能力的培養是國文教學的重要目標。尤其在當前教育體制下，教材版本的開放、入學管道的多元、評量方式的革新與價值觀念的紛繁，培養學生完備的中文（語）能力更是重要。就中學生而言，大致已經建構了基礎的中文聽、說能力，相較之下，其讀、寫能力的培養更是教學的重點。閱讀與寫作本是一種順向與逆向的互動關係，聯繫此一關係的樞紐就是辭章的鑑賞。風格的研究實為辭章鑑賞的核心，風格教學的實施，就是在培養學生鑑賞辭章的能力，並利用鑑賞所得，一方面可以領略辭章之美，另一方面又能轉化為辭章創作的能力。由此可知，辭章風格的教學是建立學生讀寫能力的重要基石。本論文在此觀念的領導之下，詳細地探討辭章風格教學的種種面向，獲得了下列幾項成果：

一、建構辭章風格教學的理論基礎

　　教學活動的實施，必須先有完整的理論基礎，才能確立

教學目標，掌握教學方法，進而形成良好的師生互動，達到教學相長的理想境界。就辭章風格的教學而言，我們首先針對「風格的定義」及「風格品類的論述」，探討其源流與轉變；其次，利用《周易》（含〈易傳〉）八卦之卦象，探討風格的哲學根源；在這些基礎之上，進一步從辭章風格內在條理的論述，確定風格的檢視規律，並結合心理學、美學之理論，以分析風格教學的心理基礎。我們釐清了風格論述的發展軌跡，並運用哲學與美學的觀念，建構了辭章風格分析的理論。爲了理論的實用性，更從創作與鑑賞兩個面向認知到風格教學的心理脈絡，確實對於風格的實際教學具有指導的作用。

二、疏通辭章風格與作家風格的關係

辭章的創作本來就是作家情志的具體展現。有關辭章風格的內在成素，如材料意象的運用、修辭技巧的變化、字句及篇章邏輯的組織，以致於主題的呈現等，均有賴於作家之智力與情志的施展。我們試圖釐清作家風格的成因，找到了作家性格形成，由才氣、學習到器識的脈絡，歸結出「智力結構」的概念，並依據此一概念，重新探索歷代詩人的才性與學養，並引前人述評以瞭解作家風格之成因。在疏通辭章風格與作家風格之後，對於實際的風格鑑賞，應有正面的參考價值。

三、確立辭章風格鑑賞的具體原則

　　「理論」的建構是抽象的，而「原則」的確立就是將抽象的「理論」、「概念」落實到具體的「分析」、「鑑賞」。既已瞭解辭章風格的內在條理，又掌握到主導辭章風格的力量，我們就可以確立一套具體的風格檢視原則：首先，從意象的形成、表現（即修辭）提煉辭章風格在形象思維方面的質素；其次，從意象的排列組合（即文法、章法）梳理辭章風格在邏輯思維方面的條理；最後，結合主旨所蘊含的核心情理，提出兼具主觀感知與客觀條理的風格述評。我們並非否定傳統印象式、直覺式的風格評論，只是希望透過風格內在規律的探索，讓直覺印象的批評更有理可說，對於初學辭章鑑賞的中學生而言，提供了具體可循的原則。根據這些原則，我們以中學詩歌教材爲例，實地分析其風格取向，在「剛中寓柔」、「柔中寓剛」或「剛柔相濟」的基調之上，就可呈現其形象述評的內在條理。

四、提供辭章風格教學的完整步驟

　　我們提供辭章風格的檢視原則雖爲具體，其過程仍是深刻而細微的。如何深入淺出地引導學生認識風格，是培養其辭章鑑賞能力的關鍵。因此，提供具體而完整的風格教學步驟是必要的程序。在實際教學過程中，「檢視作家風格」是

鑑賞辭章的先務,「進行辭章分析」則為了梳理風格的內在
條理,「結合寫作背景」可做為風格鑑賞的參考與佐證,最
後,歸納分析之結論,就能「確定風格趨向」。這是「由外
而內」、「由淺而深」、「由具體而抽象」的教學引導步驟,完
全符合學生的感知心理。透過這四大步驟的實施,期望學生
不再視鑑賞為畏途,反能透過鑑賞,培養完整的語文能力。

五、落實辭章風格教學的活動設計

在整體的國文教學活動中,辭章風格之鑑賞是屬於「綜
合活動」的階段。此一階段不僅要進行辭章風格的鑑賞,更
希望引導學生運用風格之概念來寫作文章,並延伸到「追蹤
活動」,利用評量之題型設計,檢驗學生鑑識風格類型的能
力。職是之故,在鑑賞教學方面,我們透過教案之設計,具
體呈現風格教學的流程,完成學生鑑賞能力與美感體會的目
標;在寫作教學方面,透過寫作訓練之設計,期望學生從實
作中學習辭章之創作,並建立自我獨特的寫作風格;在評量
教學方面,透過選擇題型的設計,檢驗學生對於作家風格、
辭章風格、時代風格、地域風格與流派風格的認知,其評量
結果並可作為調整教學之參考。

從國中至高中階段,學生的人格養成尚在發展,他們對
於外在事物的感知程度則漸趨深刻,其學習成長的過程也逐

漸對於抽象之概念有所體悟。身為國語文教師，面對這一群語文能力仍方興未艾的年輕學子，不僅要訓練他們成就完整的中文讀寫能力，更有責任引導他們領略辭章之美。「智育」與「美育」的結合，是辭章風格教學的基本精神，我們並提供了具體的原則與方法，期待教師們更能重視風格教學，達成語文教育之認知、能力與情意的教學目標。

重要參考書目

（以作者姓氏筆畫爲序）

一、國文教材、教學理論專著

宋　裕等　　《國民中學國文》（一）～（六）冊　翰林書局
　　九十四學年八月新版

莊萬壽等　　《國民中學國文》（一）～（六）冊　康軒圖書
　　公司　九十四學年八月新版

董金裕等　　《國民中學國文》（一）～（六）冊　南一書局
　　九十四學年八月新版

宋　裕等　　《高級中學國文》（一）～（六）冊　翰林書
　　局　九十四學年八月新版

何寄澎等　　《高級中學國文》（一）～（六）冊　龍騰圖
　　書公司　九十四學年八月新版

邱燮友等　　《高級中學國文》（一）～（六）冊　南一書
　　局　九十四學年八月新版

黃志民等　　《高級中學國文》（一）～（六）冊　東大出

版社　九十四學年八月新版

董金裕等　《高級中學國文》（一）～（六）冊　康熙圖
書公司　九十四學年八月新版

王更生　《國文教學面面觀》　臺灣師範大學中等教育輔
導委員會　1996 年 6 月初版

艾　偉　《中學國文教學心理學》　臺北：國立編譯館出
版，臺灣中華印行　1955 年 6 月臺一版

江錦珏　《詩詞義旨透視鏡》　臺北：萬卷樓圖書公司
2001 年 9 月初版

宋　裕　《高中國文趣味教學手冊》（一）～（六）冊　臺
北：萬卷樓圖書公司　1996 年 10 月初版二刷

莊銀珠　《高中國文教學設計活路》　臺北：新學識出版
社　1992 年 10 月初版

陳滿銘　《國文教學論叢》　臺北：萬卷樓圖書公司
1998 年 4 月初版四刷

陳滿銘　《文章結構分析——以中學國文課文為例》　臺
北：萬卷樓圖書公司　1999 年 5 月初版

潘麗珠　《臺灣現代詩教學研究》　臺北：五南圖書公司
1999 年 3 月初版

潘麗珠　《國語文教學活動設計》　臺北：萬卷樓圖書公
司　2001 年 9 月初版

潘麗珠　《創意國語文教學活動設計》　臺北：幼獅出版

社　　2004 年 12 月初版

蒲基維等　《散文・新詩義旨古今談》　　臺北：萬卷樓圖
　　書公司　　2002 年 1 月初版

鄭圓鈴　《你也是創意命題高手》　　臺北：萬卷樓圖書公
　　司　　2002 年 9 月初版

鄭圓鈴　《國中國文教學評量》　　臺北：萬卷樓圖書公司
　　2004 年 1 月初版

黃春貴等　《如何進行國文教學》　　臺灣師範大學中等教
　　育輔導委員會　　1996 年 6 月初版

臺灣師範大學實習輔導處　《中等學校各科教案編寫示例》
　　1996 年 9 月

二、風格類專著

王明居　《唐詩風格美新探》　　北京：中國文聯出版公司
　　1987 年 10 月第 1 版

周振甫　《文學風格例話》　　上海教育出版社　　1989 年
　　7 月第 1 版

程祥徽等　《語言風格學》　　南寧：廣西教育出版社
　　2000 年 8 月第 1 版

楊成鑒　《中國詩詞風格研究》　　臺北：洪葉文化公司　　1995
　　年 12 月初版

蒲基維　《章法風格析論——以蘇軾詞、姜夔詞為考察對

象》　　師範大學國文研究所博士論文　　2004 年 6 月

黎運漢　《漢語風格學》　　廣州：廣東教育出版社　　2000
　　年 2 月第 1 版

蔣伯潛　《體裁與風格》　　臺北：世界書局　　1971 年 9
　　月三版

顏瑞芳等　《風格縱橫談》　　臺北：萬卷樓圖書公司
　　2003 年 2 月初版

三、經、史、哲學類專著

余培林　《老子讀本》　　臺北：三民書局　　1990 年 11 月
　　九版

汪　中　《新譯宋詞三百首》　　臺北：三民書局　　1998
　　年 8 月十版

李學勤　《周易正義》　　臺北：臺灣古籍出版社　　2001
　　年 9 月初版

邵　雍　《皇極經世書》　　臺北：廣文書局　　1988 年 7
　　月初版

周敦頤　《周子全書》　　臺北：武陵出版社　　1990 年 2
　　月初版

祝　莫　《獨立蒼茫自詠詩――詩聖杜甫》　　臺北：萬卷
　　樓圖書公司　　2000 年 1 月初版

韋政通　《中國思想史》　　臺北：水牛出版社　　1991 年

9 月初版

夏乃儒　　《中國哲學三百題》　　臺北：建宏出版社　　1994
年 9 月初版

張　載　　《張子正蒙注》　　河洛圖書出版社　　1975 年 10
月臺景印初版

章學誠　　《文史通義校注》　　臺北：頂淵文化公司　　2002
年 9 月初版

蔡崇明　　《新編人物志》　　臺北：台灣古籍出版社　　2000
年 11 月初版

滕志賢　　《新譯詩經讀本》　　臺北：三民書局　　2001 年
2 月初版二刷

四、文學、美學、心理學理論專著

上海古籍出版社　　《古典文學三百題》　　臺北：建宏出版
社　　1994 年 6 月初版

公　木主編　　《新詩鑑賞辭典》　　上海辭書出版社　　1991
年 11 月第 1 版

中國戲曲研究院主編　　《中國古典戲曲叢書集成》　　北
京：中國戲劇出版社　　1980 年 2 月第 1 版

王更生　　《文心雕龍讀本》　　臺北：文史哲出版社　　1991
年 9 月初版四刷

王國維　　《王國維戲曲論文集－－宋元戲曲考及其他》

臺北：里仁書局　1993 年 2 月初版

仇小屏　《古典詩詞時空設計之研究》　臺灣師大國文研
究所博士論文　2001 年 2 月

朱榮智　《文氣論研究》　臺北：學生書局　1986 年 3
月初版

沈德潛　《說詩晬語》　臺北：新文豐出版公司　1989
年臺一版

何文煥　《歷代詩話》　北京：中華書局　1981 年 4 月
第 1 版

邱明正　《審美心理學》　上海：復旦大學出版社　1993
年 4 月第 1 版

李春祥主編　《樂府詩鑑賞辭典》　鄭州：中州古籍出版
社　1990 年 3 月第 1 版

宗廷虎等　《中國修辭學通史・隋唐五代宋金元卷》　長
春：吉林教育出版社　2001 年 2 月第 1 版二刷

金啓華等　《詩經鑑賞辭典》　合肥：安徽文藝出版社
1992 年 3 月第 1 版二刷

殷　璠　《河嶽英靈集》　1929 年上海商務印書館四部叢
刊影印明刊本

徐志摩　《徐志摩全集》　臺南：世一文化公司　2001
年 9 月初版

奚少庚等　《歷代詩詞千首解析辭典》　臺北：建宏出版
社　1996 年 2 月初版

孫燕文 《孟浩然詩欣賞》 臺南：文國書局 2004 年 2
月第一版

馬自毅 《新譯人間詞話》 臺北：三民書局 2000 年 5
月再版

馬茂元《古詩十九首探索》 高雄：復文圖書出版社 1984
年 11 月初版

屠隆 《鴻苞集》 臺南：莊嚴文化事業公司影印明萬曆
三十八年毛元儀刻本 1995 年 9 月初版

陳望道 《修辭學發凡》 臺北：文史哲 1989 年 1 月
再版

陳望衡 《中國古典美學史》 長沙：湖南教育出版社
1998 年 8 月一版一刷

陳滿銘 《詞林散步——唐宋詞結構分析》 臺北：萬卷
樓圖書公司 2000 年 1 月初版

陳滿銘 《章法學綜論》 臺北：萬卷樓圖書公司 2003
年 6 月初版

陳鵬祥 《主題學的理論與實際：抽象與想像力的衍化》
臺北：萬卷樓圖書公司 2001 年 5 月初版

陸應南 《陸游詩選》 臺北：遠流出版社 1988 年 7
月初版

梁鑒江 《白居易詩選》 臺北：遠流出版社 1988 年
7 月初版

賀新輝主編 《古詩鑑賞辭典》 北京：中國婦女出版社

1988 年 12 月第 1 版

曹　旭　《詩品集注》　　上海古籍出版社　　1994 年 10 月
　　第 1 版

曾棗莊　《蘇詞彙評》　　成都：四川文藝出版社　　2000
　　年 1 月第 1 版

曾棗莊等　《蘇辛詞選》　　臺北：三民書局　2000 年 11
　　月初版

曾國藩　《評注古文四象》　　上海有正書局排印版　　1917
　　年版

黃美鈴　《唐代詩評中風格論之研究》　　臺北：文史哲
　　1982 年 2 月初版

費經虞　《雅倫》　　臺南：莊嚴文化事業公司影印四庫全
　　書存目叢書　　1997 年 6 月初版

傅錫壬　《歷代樂府詩選析》　　臺北：五南圖書公司
　　1988 年 5 月初版

瘂　弦　《六〇年代詩選》　　臺北：大業書局　1974 年
　　1 月初版

楊如雪　《文法 ABC》　　臺北：萬卷樓圖書公司　1998
　　年 9 月初版

楊　牧　《鄭愁予傳奇》　　臺北：志文出版社　1997 年
　　2 月初版

楊濟東等　《詩詞曲賦名作鑑賞大辭典・詩歌卷》　　太原：
　　北岳文藝出版社　　1991 年 12 月第 1 版二刷

楊　倫　《杜詩鏡銓》　臺北：頂淵文化公司　2004 年
　　3 月初版

詹　鍈　《文心雕龍的風格學》　臺北：正中書局　1994
　　年 4 月臺初版

劉　雨　《寫作心理學》　高雄：麗文文化公司　1995
　　年 3 月初版

潘君昭　《李後主‧李清照詞欣賞》　漢風出版社　2000
　　年二版三印

鄭　奠等　《古漢語修辭學資料彙編》　臺北：明文書局
　　1984 年 9 月初版

鄭頤壽　《辭章學新論》　臺北：萬卷樓　2004 年 5 月
　　初版

賴橋本　《新譯元曲三百首》　臺北：三民書局　1998
　　年 9 月再版

歐陽周等　《美學新編》　杭州：浙江大學出版社　1993
　　年 3 月第 1 版

歸　人　《楊喚詩集》　臺北：洪範書店　2005 年 8 月
　　初版

謝无量　《詩學指南》　臺北：中華書局　1958 年臺一
　　版

繆　鉞等　《名家鑑賞宋詩大觀》　上海辭書出版社
　　1988 年 5 月香港第 1 版

蘇珊‧朗格　《藝術問題》　滕守堯、朱疆源譯　北京：

中國社會科學出版社　1983 年 2 月第 1 版

顧祖釗　《文學原理新釋》　北京：人民文學出版社
2001 年 5 月一版二刷

蕭滌非等　《唐詩鑑賞集成》　臺北：五南圖書公司
2001 年 12 月初版三刷

五、期刊論文

仇小屛　〈論章法的移位、轉位及其美感〉　《辭章學論
文集》上冊　福州：海潮攝影藝術出版社　2002 年
12 月一版一刷　頁 98-122

冷　草　〈王之渙與文學〉　《國文天地》15 卷 9 期
2000.02　頁 43-46

陳　思　〈中國古典風格理論的演進〉　《求索》1993 年
第 3 期　頁 91

陳滿銘　〈論章法的哲學基礎〉　臺灣師範大學《國文學
報》第三十二期（2002.12）　頁 116

陳滿銘　〈意象與辭章〉　《修辭論叢》第六輯（臺北：
洪葉出版事業公司，2004 年 11 月初版）　頁 351～
375

陳滿銘　〈論東坡清峻詞的章法風格〉　《宋代文學研究
叢刊》第九期　高雄：麗文文化公司　2003 年 12
月）　頁 336-337

陳滿銘　〈談思維力與語文螺旋結構的關係〉　《國文天地》21 卷 3 期　2005.08　頁 79-86

賈沛若　〈摹神取象、無美不臻―談「二十四詩品」風格論的形象描述〉　《文史雜誌》　1995.04　頁 20-22

國家圖書館出版品預行編目資料

辭章風格教學新論：以中學詩歌教材為研究對
象／蒲基維著. -- 初版 -- 臺北市：萬卷
樓，2005[民 94]
　　面；　　公分
ISBN 957－739－550－3 (平裝)
1. 國文－教學法　2. 中等教育－教學法

524.31　　　　　　　　　　　94022872

辭章風格教學新論
—以中學詩歌教材為研究對象

著　　　者：蒲基維

發　行　人：許素真

出　版　者：萬卷樓圖書股份有限公司

　　　　　　臺北市羅斯福路二段 41 號 6 樓之 3

　　　　　　電話(02)23216565．23952992

　　　　　　傳真(02)23944113

　　　　　　劃撥帳號 15624015

出版登記證：新聞局局版臺業字第 5655 號

網　　　址：http://www.wanjuan.com.tw

E－mail　：wanjuan@tpts5.seed.net.tw

承印廠商：晟齊實業有限公司

定　　　價：240 元

出版日期：2005 年 11 月初版

ISBN 957－739－550－3